PALABRAS DE ELOGIO A TRAMP. DE TODD DUNCA

«Una de las principales razones por la que los vendedores no tienen éxito es *que no pasan suficiente tiempo vendiendo*. Se mantienen ocupados, pero no son productivos. *Trampas del tiempo* ofrece una solución al alcance de todos. El experto en ventas Todd Duncan le enseña cómo debe usar su tiempo, en lugar de abusar de él. Él le mostrará cómo hacer del tiempo un aliado para llegar a ser próspero y productivo. Haga un tiempo para leer este libro».

–Marc Sanborn
Autor de *The Fred Factor: How Passion in Your Work and Life Can Make the Ordinary Extraordinary*
Presidente de Sanborn & Associates, Inc., un estudio de ideas para desarrollar el liderazgo

«Si no ha leído nada de Todd Duncan, se está perdiendo una vía para concretar muchas más ventas. A la mayoría de los vendedores les frustra que nunca parece haber tiempo suficiente para hacer todo lo que se proponen, y lo han aceptado como parte de sus vidas. Duncan sabe qué se necesita para obtener el máximo de cada día, y usted haría bien en seguir los consejos que ofrece en *Trampas del tiempo*. Este libro puede cambiar su carrera y su vida».

–John C. Maxwell
Autor más vendido según el *New York Times* por *Las 21 leyes irrefutables del liderazgo*.

«Cuando Todd Duncan escribe para vendedores, más vale estar muy atentos. *Trampas del tiempo* es su última obra y el mejor material que se ha escrito sobre el tema. Pensándolo bien, ni siquiera hace falta ser vendedor para aprovechar los sólidos consejos de Todd».

–Pat Williams
Primer vicepresidente, Orlando Magic

«Jamás, en este vertiginoso mundo donde la adicción al trabajo se ha convertido en moda y nuestros empleos han usurpado nuestras identidades, han necesitado tanto los vendedores profesionales un mensaje tan oportuno como el de Todd Duncan en *Trampas del tiempo*. Este libro es lectura obligatoria para todo vendedor».

–Andy Andrews
Autor del éxito de librería del *New York Times*
El regalo del viajero.

«*Trampas del tiempo* demuestra en forma incuestionable que es perfectamente posible cosechar el éxito en la profesión de vendedor sin matarse trabajando. Esta debe ser una lectura obligatoria para cualquiera que se sienta harto de estar atascado».

–Laurie Beth Jones
Autora de *Jesús CEO, The Path*, y *Jesús, entrenador para la vida*

«Este libro práctico y poderoso le enseña a fijarse metas, elegir prioridades y duplicar o triplicar sus ventas, ¡casi de la noche a la mañana!»

–Brian Tracy
Autor de *Million Dollar Habits* y *Time Power*

«Todd Duncan tiene el don de reconocer las cargas y los desafíos de las personas orientadas al éxito. Este libro da una vez más en el blanco como un *salvavidas* para muchos profesionales talentosos y luchadores que sólo necesitan alguna ayuda práctica mientras procuran vivir sus vidas al mismo tiempo que se las ganan. Los vendedores profesionales, propietarios de empresas y ejecutivos de todas clases encontrarán inmensamente útiles y liberadores estos frescos consejos y conocimientos. Pienso recomendar inmediatamente el libro a todos los que conozco».

–Jim Dornan
Presidente y fundador de Network 21, y coautor (con John Maxwell) de *Becoming a Person of Influence*

«En *Trampas del tiempo*, el señor Duncan capta con poderosas imágenes las 'trampas' que consumen nuestro tiempo y reducen nuestra productividad. Luego, surgiere cómo evitar administrar nuestras labores diarias, incrementando de ese modo la productividad y mejorando nuestro sentido de realización personal sensación individual. Una lectura fascinante».

–Hyrum Smith
Vicepresidente del directorio de Franklin Covey

«¡No pierda un minuto más leyendo estas citas! Abra este libro y empiece a aprender cómo hacer que su negocio crezca sin sacrificar su vida».

–Gary Keller
Autor de *The Millionaire Real Estate Agente*

TRAMPAS DEL TIEMPO

TODD DUNCAN

GRUPO NELSON
Una división de Thomas Nelson Publishers
Desde 1798

NASHVILLE DALLAS MÉXICO DF. RÍO DE JANEIRO BEIJING

Caribe Betania Editores es un sello de Editorial Caribe, Inc.
© 2005 Editorial Caribe, Inc.
Una subsidiaria de Thomas Nelson, Inc.
Nashville, TN, E.U.A.
www.caribebetania.com

Título en inglés: *Time Traps*
© 2004 por Todd M. Duncan
Publicado por Nelson Books
Una división de Thoman Nelson Publishers

A menos que se señale lo contrario, todas las citas bíblicas
son tomadas de la Versión Reina-Valera 1960
© 1960 Sociedades Bíblicas Unidas en América Latina.
Usadas con permiso.

Traductor: Rolando Cartaya

Tipografía: *A&W Publishing Electronic Services, Inc.*

ISBN: 0-88113-893-2

ISBN: 978-0-88113-893-1

Impreso en E.U.A.
Printed in U.S.A.

3ª Impresión,   6/2008

EL ÚNICO TIEMPO QUE CUENTA ES EL TIEMPO QUE UNO HACE CONTAR. EL TIEMPO IMPORTA, EL HOY IMPORTA ¡HAGA DE ÉL SU OBRA MAESTRA!

Contenido

Capítulo Uno

Persiguiendo al viento

Perder el tiempo administrándolo

Todo trabajo contiene un elemento de monotonía; el asunto es saber si esto tiene o no valor.

—Wendell Berry

Usted no puede comer ocho horas al día, ni beber ocho horas al día. Lo único que puede hacer durante ocho horas es trabajar. Lo cual es la razón de que el hombre haga a los demás y a sí mismo tan infeliz.

—William Faulkner

Tim no lo podía creer. En realidad el descubrimiento le tenía agriado. *Esas cifras no podían estar correctas.* Las procesó una vez más en la calculadora. Trescientas treinta y seis horas, divididas entre las ocho horas de cada jornada, equivalían a... 42 días laborables. Sí estaban correctas. Y era muy frustrante.

Cuando Tim calculó el tiempo que había permanecido junto al fax en el curso del año anterior, obtuvo exactamente esa cifra: 336 horas insertando papel de fax, pescando faxes atascados, observando titilantes números de fax, esperando confirmaciones, y volviendo a enviar faxes que no llegaron. Divididas entre incrementos de ocho horas, quería decir que había pasado 42 días laborables ocupado con la máquina de fax. Habría resultado más divertido si no hubiese sido tan revelador. La amarga verdad era que Tim había perdido en el fax la quinta parte del

I

trabajo de un año. Ahora se preguntaba en qué más habría derrochado su tiempo ¿Haciendo copias?¿Cuánto tiempo había invertido en eso? ¿Y cuánto en engrampándolas? Probablemente había desperdiciado otros treinta días engrampando papeles y otros diez quitando grampas. Bueno, quizás estaba exagerando, pero al menos sabía que si podía pasarse 42 jornadas laborables dedicado a una máquina de fax, era muy posible que también estuviera malbaratando la mayor parte del tiempo que debía dedicar a vender haciendo tareas insignificantes. Y esto le conducía a la pregunta más grave de todas: ¿cuánto *más éxito* no podría cosechar si no desperdiciara tanto tiempo? Quizás podría al menos tomarse unas vacaciones, algo que no había hecho en largo rato.

Apuesto que usted ha estado en la misma situación, preguntándose cuántas cosas más no podría lograr si no estuviera tan ocupado. Deseando que hubiera una vía para frenar el ritmo de vida y acelerar al mismo tiempo el de los negocios. Bien, quiero que sepa algo: esa vía existe y no consiste en practicar una mejor administración del tiempo. De hecho, creo que administrar el tiempo es una pérdida del mismo. Es como perseguir al viento.

Administrar el tiempo es una pérdida del mismo. Es como perseguir al viento.

La noción de que podemos administrar algo que es inmutable y fijo es un poco fantasiosa. Usted no puede administrar ni dominar o controlar el tiempo más de lo que puede enlazar al viento y atarlo al poste de una cerca. Y sin embargo durante años ese ha sido el meollo de casi todas las soluciones que nos han ofrecido para ayudarnos a lidiar con las incesantes demandas y la ocupación que parecen inevitables para los vendedores profesionales. Administre mejor su tiempo; con eso bastará. Pero no basta. A pesar de nuestros esfuerzos, llegamos tarde a las reuniones, se nos olvidan las citas, dejamos de almorzar, no llegamos a casa antes de la cena, trabajamos los fines de semana, y en general nos vamos estancando. Si le diera ahora cinco minutos, quizás usted podría pensar en cinco cosas que no alcanzará a hacer hoy.

¿Es abrumador, verdad?
Y he aquí por qué.

LA VERDAD ACERCA DEL TIEMPO

Medimos el valor del tiempo por la manera en que lo invertimos. «¿Qué tal tu fin de semana?», pregunta un amigo. «Maravilloso», responde usted. «Lo pasé muy bien». En otro ejemplo su esposa inquiere cómo le fue en la reunión. «Terrible», responde usted. «Fue una total pérdida de tiempo». Es seguro que si usted pasa su día haciendo algo que disfruta o que produce un fruto deseado, pensará que ha tenido un buen día. Por el contrario, si pasa la mayor parte de su día haciendo algo que no disfruta o que no produce los resultados que espera, probablemente pensará que ha tenido un mal día. Por lo tanto, como me decía el otro día mi hijo Matthew: «Ser rico no tiene que ver con dinero; tiene que ver con tu *vida*». Y la vida se compone de una cosa: de tiempo.

Probablemente Matthew no comprende cuánta sabiduría hay en lo que dice, pero eso se debe a que sólo tiene siete años. Todavía no ha experimentado una jornada de trabajo que empieza con una reunión departamental a las 7:00 a.m., seguida por una conferencia telefónica a las 8:00 a.m., a la que sucede una entrevista a las 9:00 a.m., a la cual sigue el descubrimiento de 17 nuevos correos electrónicos, ocho nuevos correos de voz, y una lista de cosas por hacer que se extiende hasta la próxima semana. Y eso es sólo antes del almuerzo. Algún día Matthew comprenderá que la vida de un niño es sin duda envidiable, pues en ella hay abundancia de tiempo, y su vida está, por tanto, llena de posibilidades. Pero ruego que nunca pierda la sabiduría que encierran las verdades que dice, porque no por crecer deberíamos cambiar lo que pensamos sobre el tiempo.

Desafortunadamente, muchas veces sucede.

La mayor parte de nuestros días, el tiempo nos roba más vida que la que somos capaces de tomar de él. Y obviamente esto no se debe a que nos guste andar estresados y frustrados y llenos de lamentaciones; se debe a que el tiempo es siempre más consistente que nosotros. El tiempo ha sido predeterminado; «en el

3

principio»[1], Dios lo puso en movimiento perpetuo y no hay forma de retardar su ritmo o alterar su consistencia. Es por eso que administrar el tiempo resulta poco realista.

La noción de administración del tiempo no es tampoco un mero juego de palabras. Representa una comprensión del tiempo defectuosa que afecta la forma en que reaccionamos a nuestras frustraciones con él. Estos días ajetreados requieren una solución nueva: una que tenga en cuenta el hecho de que no podemos administrar el reloj; sólo podemos administrar nuestros pensamientos y nuestros actos.

No podemos administrar el reloj; sólo podemos administrar nuestros pensamientos y nuestros actos.

Sé que usted está muy ocupado. Por eso le agradezco tanto que me haya cedido generosamente parte de su día. A cambio, haré cuanto pueda para ofrecerle algunas soluciones frescas a sus problemas con el tiempo, un mensaje liberador que no sólo le enseñará cómo vender más y trabajar menos, sino que también le mostrará cómo vivir más lamentándose menos. Sé que puede parecerle una promesa hueca, y yo también estaría escéptico si escuchara esto por primera vez. Pero he visto a muchos vendedores transformar sus negocios y sus vidas luego de cambiar tanto su comprensión y tratamiento del tiempo cómo su forma de tratar los problemas que éste implica ¿Se acuerda de nuestro amigo Tim, el del fax? Él fue uno de ellos.

Como resultado de aplicar los principios y prácticas sobre el tiempo que usted leerá en este libro, Tim vende actualmente 80 millones de dólares anuales en préstamos hipotecarios mientras que sólo trabaja 80 días del año. Sí, sólo 80 de los 365 días del año. Quien fuera un adicto al trabajo, con semanas de 70 y más horas, es ahora un enigma en un mundo donde el trabajar muchas horas y hasta que cae la noche se ha puesto de moda y parece ser una necesidad. Sin embargo, Tim no tiene secretos ni poderes especiales. Él no es diferente de usted o de mí. Es sólo un vendedor ordinario que llegó a comprender algunas minucias acerca del tiempo, y eso transformó su negocio y su vida. Lo que aprendió y lo que está cosechando son materia de este libro.

Pero primero vamos a hablar con mucha franqueza.

4

El tiempo importa... todo el tiempo

Podía escucharse el aullido del viento que irrumpía por la puerta abierta. Mi equipo ejecutivo y yo estábamos a 4.000 metros sobre la superficie de la tierra y era el momento de saltar. El hombre parado junto a la inmensa abertura en el costado del avión gritaba para imponerse al ruido. En el punto cero uno no podía titubear. Habíamos practicado en tierra todo el día, habíamos estudiado cómo saltar y qué podríamos esperar, nuestros paracaídas estaban seguros y bien ajustados y teníamos los cascos puestos. Ahora era el momento. Estábamos listos. Los cuatro chocamos nuestras palmas vociferando como hacen los hombres cuando están nerviosos. «3, 2, 1, ¡Fuera!» Uno por uno nos precipitamos del avión como bombas desde un B-52, aproximándonos a la tierra a casi 200 kilómetros por hora. Entonces, nos gustara o no, nuestras vidas estaban en nuestras propias manos. El tiempo que pasamos en tierra aprendiendo, y planeando, y practicando había terminado. Lo único importante en ese momento eran los próximos 60 segundos. Teníamos que prestar atención al tiempo; era realmente importante, cuestión de vida o muerte. Tirar de la cuerda demasiado pronto podría poner en peligro a otro paracaidista y sacarle a uno de curso. Tirar de ellas demasiado tarde era... bueno, mucho peor. En esos instantes el tiempo de veras importa, y yo estaba consciente de cada segundo que pasaba.

Sheryl y yo arrendamos recientemente una embarcación para bucear con un grupo de amigos, y visitamos algunos de los mejores escenarios de buceo de las islas Fiji. Una mañana estábamos en un paraje profundo donde podían observarse varias especies de tiburones. Cuando llegamos al fondo del cañón, eché un vistazo a mi computadora: marcaba 36 metros de profundidad. Recuerdo haber mirado a la superficie y tenido la sensación surrealista de que me encontraba a 12 pisos de mi seguridad. Cuando uno está en un lugar tan alejado de la superficie y sabe que sólo cuenta con cierta cantidad de aire, y que una vez que empieza ascender sólo puede hacerlo a razón de cinco metros cada cinco minutos, tiene que prestarle atención al tiempo. Si tarda demasiado se quedará sin oxígeno. Si se apresura, puede sufrir un ataque de presión en los vasos sanguíneos, capaz de matarle igualmente rápido. En tales momentos, el tiempo importa, e importa mucho, así que agitaba mis patas de rana sólo después de mucho pensarlo. ¿Cuándo tomará sus próximas vacaciones? Es muy probable que a medida que se acerque la fecha de la partida, usted empiece a ser más avaro con su tiempo. Dirá que no a cosas a las que generalmente dice que sí. Procurará ser más eficiente en el cumplimiento de sus tareas, porque sabe que si no lo hace, no disfrutará plenamente de sus vacaciones. El tiempo importa en momentos como éstos porque la ganancia es inmediata. Resulta desconcertante como tratamos nuestro tiempo en un caso y parecemos conformes con su paso en otro. Lo desperdiciamos miserablemente y lamentamos cada minuto perdido. Es una hipocresía pero, aunque parezca paradójico, ofrece esperanzas.

A LA ZAGA DE LOS TIEMPOS

Por la manera en que la mayoría de nosotros actuamos parecería que el tiempo sólo importa en momentos críticos o costosos. En otras palabras, por la manera en que conducimos nuestras vidas (y carreras) el tiempo sólo parece importar (1) *cuando tiene que importarnos,* como cuando nos encontramos a 4.000 metros sobre la superficie de la tierra o a 40 metros bajo la superficie del océano... o a punto de ser despedidos si no logramos una venta; o (2) *cuando ofrece recompensa inmediata,* como cuando estamos en vísperas de irnos de vacaciones... o cuando estamos luchando por asegurar una cuenta grande. Parecemos muy propensos a hacer que nuestro tiempo cuente en esos momentos, ¿cierto? Y sin embargo en todos los demás momentos de que está hecha nuestra vida, parecemos tener grandes dificultades para hilvanar 10 minutos productivos seguidos, especialmente en lo referente a nuestros empleos.

La verdad es que no sería tan frustrante si no supiéramos que podríamos mejorar. Y ésa es, irónicamente, nuestra esperanza. Sabemos que podemos mejorar porque en algunos casos lo hemos hecho mejor.

El hecho de que hayamos prestado tanta atención al tiempo y valorado cada segundo en algún momento de nuestras vidas

—aunque sólo haya sido antes de unas vacaciones o después de saltar de un avión—demuestra que tenemos el conocimiento y la capacidad para hacer que el tiempo importe. El problema radica en los obstáculos que nos impiden hacerlo más a menudo. Yo llamo a estos obstáculos *trampas del tiempo*, y nuestras vidas como vendedores están plagadas de ellos.

NO SE RINDA

Tratar de vencer las trampas del tiempo que nos parecen omnipotentes en la profesión de vendedor puede ser frustrante. Muchos vendedores simplemente se rinden y aceptan una existencia en la cual el caos es parte del statu quo. Marcia Hornok resumió de esta manera el acto de rendición:

Salmo 23, Antítesis

El reloj es mi dictador, nunca descansaré
Sólo cuando esté exhausto me dejará recostarme.
Me guiará a depresión profunda, acosará mi alma.
Me arrastrará en frenéticos círculos sólo por seguir activo.
Y aunque corra frenéticamente de una tarea a otra,
Nunca podré hacerlas todas, pues mi « ideal» estará conmigo.
Los plazos y mi necesidad de aprobación me infunden aliento.
Demandan de mí rendimiento más allá de los límites de mi
*   horario.*
Ungen mi cabeza con migrañas, y rebosa mi cesto de cosas
*   por hacer.*
Ciertamente la fatiga y la presión del tiempo me seguirán
*   todos los días de mi vida,*
Y en las ataduras de la frustración moraré por largos días.[2]

Nos hace reír porque podemos identificarnos con el cuadro fácilmente. Pero, ¿quién quiere «morar en las ataduras de la frustración por largos días»? Sé que no es así como queremos sentirnos, porque cuando desperdiciamos el tiempo nos sentimos culpables, y nos deleitamos cuando le damos un buen uso.

Piense en la última vez que pasó una noche maravillosa con uno de sus favoritos dedicado a una de sus actividades predilectas ¿No lo encontró refrescante y alentador? ¿No se sintió vivo? Nos gustaría pasar más ratos como ése ¿cierto?

Ahora piense en la última vez que desperdició media hora buscando sus llaves ¿Cómo se sintió? No muy bien ¿verdad? Frustrado, por decir algo. Enervado, sería más preciso. Ahora piense en la sensación cuando llegó tarde al evento adonde se dirigía antes de notar que había perdido las llaves ¿Cómo se sintió entonces? Probablemente culpable. Seguramente se disculpó más de la cuenta. Perder tiempo nos hace sentir mal, no importa cómo lo derrochemos.

Y entre los vendedores, es más frecuente sentirse mal que sentirse bien. La solución es trabajar en forma tal que lo contrario se cumpla. Y lo puede conseguir en más de una forma.

Perder tiempo nos hace sentir mal, no importa cómo lo derrochemos.

Dependiendo de su(s) área(s) particular(es) de ineficiencia y frustración, hay acciones específicas e inmediatas que puede emprender para reorientar su negocio y por consiguiente su vida en un lugar en el que la mayor parte de su tiempo sea, para su deleite, bien invertida; donde se libere del tiempo; una existencia no muy diferente de la de mi hijo Matthew (sólo que con algunas responsabilidades).

Quizás usted no se reconozca en todas las trampas que discutiremos. Pero eso no quiere decir que no estén todavía ahí esperando para despojarle de su tiempo y su energía. Ante tales trampas, la educación y el prevenir son su mejor defensa. Por tanto, en los capítulos que hablan directamente de sus dificultades, aplique la solución para salir de la trampa y experimente un poco de libertad. Y en los que no se aplican, salvaguarde sus días por venir aprendiendo a circunvalar la trampa.

EL DESAFÍO MÁS DIFÍCIL PARA UN VENDEDOR

El tiempo puede ser frustrante, especialmente en una profesión donde la mayor parte del mismo se comparte con clientes que suelen tener sus propias agendas. Sin embargo, vender fue la carrera que escogimos, así que tenemos una batalla que librar, y aunque muchas veces nos parece una carga cuesta arriba, no es una causa perdida.

Todo vendedor tiene en el tiempo un desafío. Es el problema más persistente y difícil de parar que me he encontrado a lo largo de 15 años entrenando a vendedores, y nunca desaparece. Los detalles de nuestra historia pueden ser diferentes—algunos de nosotros confrontamos dificultades todos los días, y otros sólo de vez en cuando—pero los resultados son previsiblemente similares. Lo que no hicimos hoy nos abrumará mañana. Lo que debíamos hacer mañana lo dejamos para el día o la semana siguiente. Las cosas por hacer nunca se cumplen en la fecha en que estaban planeadas. Las notas adhesivas pierden su adhesivo, y el sueño de la productividad se desvanece en un muy real estado de urgencia y ocupación.

De una u otra forma, todos estamos atrapados por la naturaleza inexorable y siempre menguante del tiempo, y muchas veces nos sentimos condenados a trabajar más de lo que debemos para lograr menos de lo que podríamos. En suma, nos frustra ver que nunca parece haber suficientes horas para hacer todo lo que deseamos. La mayoría de los vendedores han aceptado esto como parte de sus vidas, pero pronto verá que no tiene por qué ser así. Y tengo muchas historias que lo prueban.

TIEMPOS DE CAMBIO

Era la primera vez que me ocurría en mi carrera de orador. Mientras me estaba preparando para hablar, el hombre se acercó y me entregó una nota de cinco páginas. Me miró con sus grandes ojos vidriosos y dijo: «Gracias». Percibiendo el significado de aquel momento, abrí la nota inmediatamente. Mis ojos se fijaron primero en la esquina superior de la página, donde él había consignado la hora y la fecha. La había escrito a las cuatro de la madrugada de aquel día.

Mi corazón se animó mientras recorría en la página las

manchas secas de tinta azul. Este no era un agradecimiento corriente. Más adelante, un párrafo lo decía todo:

> Las lágrimas son por la alegría de saber que a lo largo del último año he concretado más negocios de lo que sería capaz de soñar; pero, lo que es más importante, hoy tengo una vida. Me siento más equilibrado que nunca y no puedo describirle con suficiente precisión cómo esta nueva visión del tiempo ha cambiado mi vida para siempre.

Durante 15 años esto es todo lo que he tratado de hacer. Me he esforzado por ayudar a los vendedores profesionales a comprender que existe una manera mejor de trabajar y de vivir, la cual tiene que ver por entero con el tiempo. Mientras reviso las carpetas de cartas que he guardado, me impacta ver cuán crucial resulta el enfatizar en estas páginas iniciales que usted puede ser un vendedor de gran éxito sin matarse trabajando ni sacrificar las cosas que son más importantes para usted. Las personas cuyos testimonios voy a presentarle no son diferentes de usted o de mí; el trabajo ocupó la mayor parte de su tiempo, si no todo. Pero con un poco de estímulo y una nueva perspectiva todos ellos dieron vuelta a sus vidas, y sé que usted también puede hacerlo. A medida que pase las páginas de este libro, permita que el eco de las palabras de ellos le ofrezca una esperanza de que las cosas pueden mejorar, y que pronto lo harán.

«Son las 6:18 a.m. Durante meses he barajado excusas en mi mente para justificar por qué no he sido capaz de poner en práctica lo que usted enseña. Pero lo que una vez creí imposible es ahora una realidad».

«Usted salvó literalmente mi vida cuando nadie más hubiera sido lo bastante fuerte, o yo le hubiera importado lo suficiente, o hubiera sabido lo suficiente para hacerlo».

«Al cabo de unos años la bebida había empezado a consumir mi vida. No reconocía a mi esposa o mis hijos, y estaba en problemas. Entonces leí su libro: ese evento me cambió... estaba tan entusiasmado que después de leer tres capítulos no seguí leyendo: con eso me bastaba... Dejé de beber y comencé a planear el resto de mi vida. Mi esposa e hijos me dieron otra oportunidad. Nunca soñé que el matrimonio y la paternidad pudieran ser tan reconfortantes. Y los negocios nunca me han ido mejor».

«A la luz de su muerte, me satisface saber que pasó sus cuatro años como esposo, y un mes como padre, poniendo a su familia por delante de su trabajo. Por más ocupado que estuviera, salía de la oficina todos los días a las 5:30 p.m., sabiendo que iba a ocuparse en algo más importante. Se lo agradezco a usted».

«No puedo creer que me haya permitido descender a un nivel tan bajo... Mis días se habían vuelto tan disfuncionales e improductivos que me iba a casa cada noche con una mala actitud, que siempre justificaba como producto de mi estrés cotidiano. Pasaba los días reaccionando ante los problemas y sin hacer las cosas importantes. Al final del día siempre parecía tener dos alternativas: descuidar mi trabajo e irme a casa, o descuidar a mi familia y hacer el trabajo que debía haber hecho durante el día. Generalmente me iba a casa, pero malhumorado, porque no encontraba una sensación de paz, atormentado por los cabos sueltos que dejaba en el trabajo... Ahora han pasado ya dos años desde su seminario y mi empresa está totalmente bajo control. Recientemente le pedí a mi esposa que contestara a una pregunta: ¿Cómo te sientes acerca de mí? Le he enviado a usted una copia de la respuesta». (Su esposa escribió una carta de ocho páginas a mano en la que desbordaba por su cónyuge amor, admiración, alabanza y aprecio.)

«Debo decirle que no estaba preparado para la profundidad con que usted y sus enseñanzas tocarían mi vida. El conocimiento que usted me ha impartido acerca de mí mismo es increíble. Muchas gracias por tomarse el tiempo de identificar y despejar el éxito, tan crucial y sin embargo tantas veces real».

¿En qué formas se siente usted frustrado como vendedor? ¿Cuáles circunstancias le gustaría cambiar en su trabajo y en su vida? ¿En dónde está fallando? Es muy posible que todas sus respuestas tengan algo que ver con la forma en que usted está invirtiendo (o no invirtiendo) su tiempo.

Mientras nos embarcamos en este viaje juntos, quiero que sepa que mi motivación para escribir surge de mi compromiso y determinación a hacer una diferencia en su vida, no sólo en su negocio. Quiero ayudarle a liberarse de las trampas que succionan sus mejores energías y le roban en el trabajo y fuera de él su más preciado bien. Quiero ayudarle a vivir la vida que usted tal vez había desechado por imposible. Porque sí es posible ¿sabe? Y le voy a demostrar cómo.

Todo vendedor enfrenta un desafío con el tiempo. Es el problema más persistente y difícil de parar que me he encontrado a lo largo de 15 años entrenando a vendedores, y nunca desaparece. Los detalles de nuestras historias pueden ser diferentes, pero el resultado es previsiblemente similar. De cierta forma la mayoría de nosotros nos sentimos atrapados por la naturaleza inexorable y siempre menguante del tiempo, y a menudo nos sentimos condenados a trabajar más de lo que debemos para lograr menos de lo que podríamos. La mayoría de los vendedores han aceptado esto como una parte normal de sus vidas, pero no tiene por qué ser así.

Hasta ahora, la mayor parte de los consejos que se nos han ofrecido para remediar esta frustración se concentran en la expresión «administración del tiempo». Desafortunadamente, como ya he dicho, administrar el tiempo equivale a desperdiciarlo. Es como perseguir al viento.

Debido a que medimos el valor del tiempo por la forma en que lo invertimos, la administración de tareas es la solución real a nuestras vidas súper ocupadas. Es la única manera de salir del estancamiento en que tan a menudo nos encontramos.

Hay acciones específicas, inmediatas que usted puede emprender para reorientar su negocio, y en consecuencia su vida, hacia un punto en el que la mayor parte de su tiempo sea bien invertido: un mundo en que vivamos libres del tiempo. En cada capítulo le presentaré estas soluciones probadas como la antítesis de esfuerzos más corrientes que prohíben a los vendedores aplicarlos a sus vidas. Las llamo trampas del tiempo, y nuestras vidas como vendedores están plagadas de ellas. Considere por ejemplo la trampa de la identidad...

Capítulo Dos

La trampa de la identidad

Perder el tiempo perdiéndose a sí mismo

En el estilo estadounidense más perfecto, estar ocupado, matarse trabajando, proyecta estatus y autoestima.

—AL GINI

Decir que un hombre tiene un trabajo es confundir los hechos. Es el trabajo el que tiene al hombre.

—JAMES GOULD COZZENS

De niños siempre queríamos ser *algo*: beisbolistas, bailarinas, médicos, enfermeras, abogados, maestros. Teníamos todo el tiempo del mundo para soñar, y lo hacíamos. Ya adolescentes queríamos ser *alguien*. Cada uno de nosotros era un mismo *algo*—estudiantes—de modo que lo que más nos importaba era la aceptación, dónde nos vieran. La popularidad era más importante que nuestro lugar en el mundo. Pero entonces, en algún momento después del bachillerato, nuestros anhelos empezaron a converger en una visión más grandiosa para nuestras vidas. Queríamos ser al mismo tiempo *algo* y *alguien*. Y en el centro de esa visión había un empleo.

Hay algo seductor en el primer empleo, dicen los escritores Barrie Greiff y Preston K. Munter: «Los ejecutivos jóvenes experimentan un vértigo... el título, el ayudante, los almuerzos con los jefes, la sensación de poder, la otra sensación presuntuosa de asociarse con gente acaudalada: existe en todo esto algo que se vuelve rápidamente adictivo».[1] Para la mayoría de nosotros es la primera vez que *asumimos* responsabilidad, porque la responsabilidad del

15

empleo es acompañada por una sensación de control sobre nuestras vidas y, por primera vez, una sensación de identidad que no tiene nada que ver con nuestros amigos o familiares. Con un trabajo profesional, se nos ofrece el poder para determinar quiénes somos y como quién nos ven los demás.

Nuestro primer empleo es una oportunidad para «hacer algo con nosotros», para que nos reconozcan por nuestros logros, adquirir estatus y, con algo de suerte, prestigio. Inherentemente, no hay nada de malo en ello. Forma parte del convertirse en nuestro propio individuo, de establecer nuestro lugar en el mundo. Desafortunadamente el primer empleo se convierte para la mayoría de los vendedores en algo más que una *parte* de su identidad. Se convierte en *toda* su identidad, y muy pocos saben que esto les ha ocurrido. En pos del poderoso dólar y de la inmortalidad en las ventas, muchos profesionales comienzan a vender también sus almas.

Algunos sólo tardan unos años—a otros les puede tomar una o dos décadas—pero eventualmente, muchos vendedores en lugar de encontrarse a sí mismos en sus empleos comienzan a perderse. No estoy hablando aquí de una crisis en la medianía de la vida. Este es un tipo de crisis diferente, que se mueve a lo largo del espectro de edades, el status, y las especialidades de la industria de las ventas.

Un hombre a quien he conocido durante casi una década protagonizó una historia sumamente común. Le llamaremos Sam.

Sam tenía una buena familia a la cual deseaba proveer con abundancia, y algunos amigos íntimos que le ayudaban en ese empeño. Era un buen hombre con muchas ambiciones. Trabajaba duro en su especialidad y me confió que quería convertirse en el mejor vendedor profesional de su giro. Al cabo de unos años, empezó a hacer algún dinero decente, y parecía que su sueño se convertiría en realidad. Entonces, un día supe que había llegado a la cima: aparecía en la relación del uno por ciento que integran los mejores vendedores de su industria en todo el país. Sus ingresos podrían andar por las siete cifras. Toda una conquista.

Pero entonces empecé a escuchar informes contradictorios. Cuando investigué un poco más la situación, descubrí que si bien él se las había arreglado para triunfar por sus estándares financieros, en el campo de las relaciones era una pesadilla.

Conversé con algunos de sus ex compañeros de trabajo, y todos contaban la misma historia. Sam era un maníaco del trabajo que había vendido su alma a las ventas y, en el proceso, también había vendido a amigos y familiares. En su ascenso a lo que llaman éxito, asestaba puñaladas por la espalda, se había convertido en un truhán, un hombre sin integridad, cualquier cosa que le ayudara a hacer dinero. Había ganado sus millones haciendo amistad con gente de éxito, y traicionándolos luego en el momento indicado. También descubrí que su feliz matrimonio terminó en un agrio divorcio por causa de su negligencia, y que la mayoría de quienes fueron sus amigos ya no le hablaban. Actualmente, continúa asistiendo a mis eventos, porque los ve como una oportunidad de establecer conexiones para promover su negocio. Cuando me cruzo con él, parece compuesto y sonriente. Pero sé que en su interior es una ruina. No sé si habría alguien dispuesto a ayudarle si en algún momento sufriera una derrota. Sólo espero que, sentado ahí entre el público por cuadragésima vez, comience a escuchar lo que estamos tratando de enseñar.

Para bien o para mal el trabajo conforma su identidad.

Fue Winston Churchill quien dijo que al principio escogemos nuestro trabajo y le damos forma, y que después es éste el que nos da forma a nosotros. Churchill quería decir que «uno escoge una línea de trabajo, y después este trabajo le ayuda a uno a ser una mejor persona». Se trata de una cita optimista si se interpreta con esa perspectiva. Lamentablemente la inclinación generalizada a trabajar largas jornadas en el campo de las ventas hacen que la cita de Churchill suene más bien como una advertencia profética; como si dijera: «Uno escoge una línea de trabajo para mejorar como persona, pero luego ese trabajo cambia a la persona que somos, empeorándola en muchos casos». Durante la era de Churchill, muchos norteamericanos ponían que el trabajo formaba a la persona en sentido positivo.

Aunque aún no se había logrado, la consigna del movimiento sindical estadounidense, «ocho horas de trabajo, ocho horas de descanso, y ocho horas para lo que se nos dé la gana» era casi una realidad. Hoy ese concepto es sólo una provocación. En realidad, hoy uno se siente inclinado a preguntarse si un empleo de vendedor le estará formando positiva o negativamente. Es cierto que el trabajo nos puede moldear positivamente. Como vendedores podemos aprender a relacionarnos mejor con las personas. Podemos aprender a servir a los demás. Podemos aprender a valorar el trabajo de equipo, y la perseverancia, y la comunicación. Pero como señala el escritor Al Gini, el trabajo hace mucho más que eso, y con frecuencia nos conduce a una trampa.

El trabajo se encuentra en el centro de nuestras vidas e influye sobre quiénes somos y todo lo que hacemos... trabajar no es sólo ganarse la vida. No es sólo recibir un salario o tener un empleo remunerativo. Tampoco se trata de utilizar la mente y el cuerpo para lograr una tarea o proyecto específico. El trabajo es también uno de los más significativos factores que contribuye a la vida y al desarrollo interior.[2]

Para la mayoría de nosotros, el trabajo ocupa la mayor parte de nuestro tiempo y energías, y eso, afirma Gini, es la razón de que nuestra actividad laboral «no sólo nos provea un ingreso, sino que literalmente nos nombre y nos identifique, tanto ante nosotros mismos como ante los demás». Comprobamos esta verdad en nuestra tendencia a preguntar a personas que recién hemos conocido: «¿Y en qué trabaja usted?» o «¿Qué tipo de trabajo hace?» Hacemos tales preguntas porque, nos guste o no, nuestras identidades están enlazadas con lo que hacemos para ganarnos la vida ¿Hasta qué punto? Eso depende de un factor. Adivinó: el tiempo.

EL TIEMPO DEFINE SU IDENTIDAD

No hay nada de malo en que el trabajo dé forma a *parte* de su identidad. Hasta cierto punto, así debe ser. Es magnífico que nos reconozcan como personas trabajadoras y vendedores de éxito; es sano y justo que nos identifiquen por los logros de nuestras carreras y, en cierta medida, por la posición que ocupamos. De hecho, podría enumerar varios personajes históricos a quienes se recuerda por la labor a la cual se dedicaron. Pero, ¿qué pasaría si sólo nos conocieran por eso? ¿Es lo que realmente deseamos? ¿No queda mancillado el trabajo de una persona si nos enteramos de que ha abandonado a su familia, o descuidado a sus amigos, o vivido una doble vida de insinceridad o lamentos extremos, a fin de cumplir con su trabajo?

«Cuando uno trabaja 12 horas, es incapaz de oler el perfume de las flores», cantaba Charlie King.[3] Y tenía razón. Es cierto que uno puede lograr mucho si dedica todo su tiempo a un objetivo. Pero ¿a qué precio? ¿Habrá algún vendedor que haya vivido semejante vida y al final no lo haya lamentado?

Cuanto más tiempo usted gasta trabajando, así también su identidad se va atando a su trabajo.

Howard Hughes fue, según se cuenta, el vendedor más talentoso de su tiempo, el primer estadounidense con una fortuna de más de mil millones de dólares, dos presidentes en el bolsillo y un inventario de dinero en efectivo y comodidades como para vivir diez vidas. Si alguien tenía razones para estar orgulloso, ése era él ¿cierto? Pero aparentemente no lo estaba. Hughes murió solitario en su penthouse con las uñas larguísimas y marcas de agujas cubriendo sus brazos. Y la razón de su pérdida fue mucho más que una adicción a las drogas.

Nuestra propia experiencia no miente. Si bien el trabajo ofrece mucho de qué estar orgullosos, queremos que nos identifiquen con algo más que un trabajo. Es una especie de paradoja. Por una parte apreciamos la profesión y la tenemos en alta estima debido a lo que nos ofrece: un título, una posición, un propósito. Por la otra, si pudiéramos trabajaríamos menos ¿Por qué cree que la gente se siente tan atraída por el corretaje bursátil en la red y la lotería y los casinos de Las Vegas? ¿Será porque quieren trabajar *más*? ¿Por qué escogió usted un trabajo de vendedor? ¿Sería por la inestabilidad y las largas jornadas de trabajo? Supongo que puede ver a dónde me dirijo.

Claro, usted probablemente encontrará algunas estadísticas que demuestran que un pequeño porcentaje de los vendedores se siente completamente realizado con sus empleos ¿pero acaso no se trata de una minoría? A la mayoría de nosotros el trabajo nos parece, pues... trabajo. Sí, es una necesidad. También puede que lo disfrutemos ¿Pero que se convierta en la encarnación de lo que somos? ¡Ni hablar! Si en nuestros empleos podemos encontrar un propósito y un significado para la vida, magnífico. Y por supuesto que podemos, pero no dedicándoles todo nuestro tiempo, sino permitiendo que promuevan algo más profundo, más liberador, emocionante y perdurable. En las últimas décadas lo hemos buscado trabajando más, pero no ha funcionado como creíamos. Actualmente el tratamiento de la depresión representa uno de los costos médicos más elevados, un 70 por ciento más caro que cualquier otro, y el estrés le sigue de cerca.[4]

Además, pongamos a un lado estadísticas y argumentos. Piense ahora: ¿qué le está diciendo su corazón? ¿No desea para usted algo más que ganar mucho dinero y coronar un mayor éxito como vendedor?

¿VIVIR PARA TRABAJAR O TRABAJAR PARA VIVIR?

El escritor Joe Robinson cuenta la historia de un vendedor llamado Dana, que se halla atrapado en esta paradoja de la identidad. Según Robinson, Dana es un padre soltero que se debate entre sus instintos de norteamericano capaz de hacer cualquier cosa para cumplir con su trabajo y su necesidad de encontrar tiempo para vivir y dedicarle a su hija. Como representante de ventas de Frito-Lay, Dana se vio atrapado por la necesidad de trabajar semanas de más de 60 horas. Robinson se refiere a la tormenta interna del vendedor: «No hay nadie que se haga cargo si se presenta un problema familiar, o si uno se enferma. Uno no puede levantarse por la mañana y sentirse mal: el trabajo se acumularía... todos demandan más tiempo de mí... sé que a este ritmo no llegaré a retirarme. Tal vez la respuesta sea llevar un estilo de vida más simple, vivir en una carpa».[5]

Tal vez usted es capaz de identificarse con él.

Como actualmente muchos vendedores dedican cada vez más horas a su ocupación, suelen terminar con identidades caracterizadas únicamente por su trabajo, aunque no lo deseen.

En su libro *Married to the Job* (Casado con el trabajo), la sicoterapeuta Ilene Philipson cuenta la siguiente historia acerca de una vendedora que ilustra los extremos de que estamos hablando:

Cuando Ingrid entró en mi oficina me sentí impactada por la impecable apariencia de esta atractiva mujer. Llevaba un costoso traje a la medida; su pelo estaba recogido en un perfecto moño castaño; nada estaba arrugado, sesgado o a un nivel más bajo que su discreta elegancia. Cuando la escuché hablar reveló ser una mujer de 39 años, en extremo inteligente y articulada, que parecía haber anexado su propio ser al lugar de trabajo...

Durante su adolescencia y la primera mitad de sus 20 le complacía ser productiva y divertirse... ella cree que su vida empezó a cambiar cuando entró en un programa de Maestría en Administración de Negocios, de una de las principales escuelas del ramo en el país. La competencia era intensa, y las exigencias de estudiar y trabajar drenaban el tiempo y la energía que quería dedicar a la vida social. Una vez que recibió su título, fue contratada por una de las corporaciones más grandes y mejor establecidas del Valle del Silicio. Ingrid trabajó allí durante cuatro años, ascendiendo consistentemente en el escalafón corporativo, trabajando largas jornadas y sin pensar en casi nada más que sus responsabilidades, sus interacciones, su posición en el trabajo...

Entonces fue seducida por una compañía de reciente creación a la que llamaré E-Stream...

Allí Ingrid trabajaba 110 horas a la semana. Ella describe cómo dormía cada noche cuatro horas, vestida, sobre el piso de la sala de conferencias, para luego ir a refrescarse al baño... bajó de peso, nunca hablaba con sus amigos o familiares, y un día encontró muerto a uno de sus peces tropicales, pues había dejado de alimentarlo... a los 39 años debió buscar ayuda en la psicoterapia, convencida de que su devoción al trabajo «interfería con mi vida exterior».

Para comprender la magnitud de esta afirmación uno necesita saber que hoy Ingrid no tiene contacto social alguno fuera de su trabajo, y que no puede mencionar un solo amigo. No ha tenido relaciones sexuales en 11 años y generalmente pasa la Navidad y el Año Nuevo en el trabajo, donde, dice, «Siempre está pasando algo».[6]

La realidad es que los vendedores como Ingrid que trabajan semanas de 60, 70, 80 y más horas *no tienen tiempo* para que se los identifique con ninguna otra cosa. Paran muy poco en el hogar y por tanto no pueden ser identificados por su papel en el seno familiar. Tienen muy poco tiempo para dedicarse de manera consistente a pasatiempos o intereses, y por tanto no se les conoce por lo que podrían disfrutar fuera del trabajo. Tampoco les queda mucho tiempo para los amigos, de manera que tampoco son conocidos por sus relaciones o sus dotes sociales. En realidad, la mayoría de los vendedores más activos dedican cualquier tiempo libre que les quede a tratar de recuperarse del estrés y las presiones de sus horarios. Parafraseando a Gini en *The Importance of Being Lazy* (La importancia de ser holgazán):

> Desafortunadamente para muchos de nosotros, nuestras diversas formas de recreación y juego lo son más bien de rehabilitación y recuperación, en lugar de esparcimiento y la posibilidad de redescubrirse a nosotros mismos. Esto se debe a que, en muchos de nosotros, el juego o las diversiones son sólo distracciones momentáneas del ritmo normal de vida. Están diseñados para superar la fatiga o la vigilia forzada, o mitigar un apetito específico, de modo que podamos regresar al trabajo y ganar más.[7]

A la larga, cuando nuestro tiempo es monopolizado por el trabajo—y / o la recuperación de la faena—llega a ser lo único que integra nuestra identidad. Nos conocen otros y nos conocemos nosotros mismos únicamente por lo que vendemos, cómo lo vendemos, y cuán bien lo vendemos. Nos perdemos en nuestra labor. Este es un punto poco envidiable al que últimamente se están obligando muchas compañías comerciales.

22

No hace mucho tener un refrigerador en el lugar de trabajo era algo extraordinario. Hoy son comunes cocinas con todas las amenidades, gimnasios, baños con duchas y taquillas, guardería infantil, salas de estar con sofás de cuero y televisores de pantalla gigante, y hasta cafeterías corporativas para que no tengamos que salir de la oficina si requerimos una inyección de cafeína.

Los lugares de trabajo se han vuelto cada vez más domésticos. Philipson apunta que «46 de las 100 compañías [en las que mejor se puede trabajar] ofrecen comidas para llevar a casa, a fin de liberar a sus empleados de tener que llegar a casa a preparar la cena. Veintiséis de estas 100 ofrecen servicios de conserjería personal, que permiten a los empleados eludir detalles consumidores de tiempo como comprar flores y regalos de cumpleaños, planear ceremonias familiares, o en el caso de una empresa de Chicago, organizar una cena de compromiso».[8] Ella apoya su tesis con las palabras de una empleada entrevistada por el sociólogo Arlie Hochschild, quien explica: «En Estados Unidos ya no se estila el escudo de armas familiar, pero tenemos en cambio el logotipo de la compañía».[9] En realidad, en la cultura estadounidense el trabajo ha permeado tanto de nuestra identidad que año tras año trabajamos más horas anuales que cualquier otro país. En el año 2000, superamos por 37 horas más anuales al notorio mulo de trabajo japonés.[10]

A la larga, cuando nuestro tiempo es monopolizado por el trabajo —y / o la recuperación de la faena— llega a ser lo único que integra nuestra identidad.

Con tanto tiempo dedicados a vender, «¿Cuándo», se pregunta Gini, «tendremos tiempo para ser humanos?... Como escribió certeramente Benjamin Kline Hunnicutt, "Al tener que ir tan rápido para marcar el paso, nos perdemos muchas cosas: nuestra existencia queda truncada. Ciertas cosas no pueden simplemente hacerse a toda velocidad: el amor, las relaciones sexuales, conversar, comer, disfrutar de la familia, los amigos, la naturaleza. En medio del torbellino tenemos menos capacidad de apreciación, disfrute, concentración sostenida, pena, memoria"».[11]

Tiempo para triunfar

Mientras hacía mis ejercicios esta mañana, advertí un aviso en televisión; el sonido enmudeció, y sólo vi durante el espacio de 30 segundos dos leyendas, pero ambas ponían el dedo en la llaga. La primera preguntaba:

¿Por qué trabajamos?

Y la segunda,

¿Por qué trabaja usted?

El problema con una identidad basada únicamente en el trabajo resulta bastante obvio si uno consigue ser sincero acerca de las cosas que desea. Por supuesto, deseamos el éxito como vendedores; si ése no fuera el caso usted no estaría leyendo este libro. También deseamos una mayor autoestima y la consolidación del carácter que resulta de haber trabajado duro por el éxito. Pero deseamos mucho más que eso ¿cierto? Usted está leyendo este libro para mejorar su productividad como vendedor. Pero, ¿por qué otras razones lo está leyendo? ¿Por qué *más* se siente usted hastiado de estar estancado en su giro? ¿Por qué *más* trabaja usted?

Parece que ya vamos llegando a algún destino.

Si usted y yo estuviéramos disfrutando de un almuerzo sin tensiones un domingo por la tarde y yo le pidiera que definiera el éxito ¿qué diría? Piénselo ¿Cómo definiría el éxito *para usted?*

Imagino que al principio mencionaría aspectos relacionados con su trabajo. Convertirse en el mejor vendedor de su oficina, o algo similar. Probablemente diría algo en torno a como su éxito se relaciona con el nivel de satisfacción que usted puede ofrecer a sus clientes y el valor que añade a sus vidas. Tal vez hablaría sobre la calidad de su producto o servicio en relación con los estándares de su industria. Cosas muy nobles, sin duda. Pero mientras más lo piense, más pronto empezará a mencionar las cosas que no se relacionan para nada con el trabajo. Si está casado, probablemente relacionará el éxito con el contentamiento y satisfacción que recibe de su vida hogareña. Es probable que empiece a soñar un poco y a hablar sobre los deseos de que sus hijos sean magníficas personas. Podría explayarse acerca de compartir su tiempo con buenos amigos y ayudarles a comprender sus propios sueños. Eventualmente introduciría los pasatiempos que adora y a los que desea dedicarse. Escribir un libro. Ver el mundo. Crear una fundación caritativa. Criar caballos y trabajar en un rancho. Construirse una casa en las montañas. Aprender a tocar un instrumento, o a bordar, o a pintar, o a tomar hermosas fotos, o a esquiar en la nieve, o... llene usted el espacio en blanco. Tómese unos minutos para ofrecer aquí su definición del éxito:

_____

_____

_____

_____

Después de todo ¿no es la vida algo más que trabajar? Si al final su única identidad se hubiera relacionado con el trabajo, ¿no se sentiría usted decepcionado? Si los demás sólo le recordarán como un vendedor de éxito ¿no se estarían perdiendo el cuadro completo?

IDENTIDAD EQUIVOCADA

El problema con una identidad carente de equilibrio es que es difícil de detectar a menos que uno se ponga a buscarla. Sin embargo, me he encontrado con muy pocos vendedores afanados que, al enfrentar la realidad de lo lamentable, no admitieran de inmediato que ya estaban confrontando algunas de las consecuencias negativas

♦ Culpa

♦ Inquietud

25

- ◆ Una creciente frustración

- ◆ Una urgencia de justificar sus horarios

- ◆ Miedo o reproches

- ◆ Confusión

- ◆ Complejidad

- ◆ Ansiedad

- ◆ Fatiga

Estos signos revelan que si bien usted no está perdido del todo, tampoco le sirve una identidad puramente basada en el trabajo. El escritor Joe Robinson nos recuerda una época cuando era más fácil identificarse con cosas tan importantes como el trabajo:

> Hace sólo un par de décadas las vacaciones se consideraban un bien merecido receso en la acción, un tiempo para que la familia se lanzara a las carreteras de Estados Unidos buscando un sitio donde acampar, bebidas refrescantes, y el mayor premio de todos, la piscina de un motel. En mi familia las vacaciones de verano eran un rito sagrado. Cada año papá nos concentraba en la camioneta, escogía al azar una dirección, y abrazábamos hasta la eternidad el asfalto del sur de California. No había aire acondicionado, sólo un horizonte de cielos infinitos batido por el viento, vistas panorámicas y radiadores hirvientes. En los años 60 a nadie se le habría ocurrido dejar de tomar vacaciones.

Pero algo aconteció. Los vendedores norteamericanos empezaron a ceder a sus carreras las llaves de su identidad. Comenzamos a devaluar la vida a fin de ganar una vida mejor. Dice Robinson:

> A partir de la primera mitad de los años 80, algo empezó a estallar en la psiquis nacional... la muy elogiada semana de cuatro días se convirtió en alucinación. La capacidad de liberarse de la oficina y saborear el tiempo libre desapareció, devorada por

una espiral ascendente de horas laborables, y una fijación con la productividad que ha devaluado todo lo que no viene adjunto con una asignación o un salario... Hemos creado un lugar de trabajo sin fin.

Pero no importa cómo se le llame, es un hábito que a la gente le gustaría romper.[12]

Espero que tenga razón, porque si queremos recobrar alguna vez nuestra verdadera identidad, algo tendrá que cambiar en el statu quo.

Trabajemos con menos estrés, vendamos más en menos tiempo, y salgamos de este pantano en el que nos encontramos, pero antes démosle sentido a su trabajo.

¿Atrapado?

Existen ciertamente muchos factores reales que parecen compulsarnos a ceder más y más tiempo a nuestros empleos, entre ellos las reducciones corporativas, los avances tecnológicos, una mayor competencia, el más alto costo de la vida, y el potencial para obtener mayores ganancias financieras, por sólo nombrar los más populares. Pero en un desafortunado vuelco del destino, lo que comienza como un honrado intento por estabilizar nuestro futuro—y muy posiblemente realizarlo más temprano—a la larga transforma nuestras vidas presentes en algo que nunca producirá el futuro que deseamos.

Una identidad envuelta en el ropaje del trabajo no sólo debilita su propia identidad sino que le impide realizar sus sueños.

Una identidad envuelta en el ropaje del trabajo no sólo debilita su propia identidad sino que le impide realizar sus sueños.

En esencia, cambiará quién es usted ahora y en quién se convertirá en el futuro. Observe los trueques que (sin darse cuenta) hacen muchos vendedores a fin de mantener sus identidades equivocadas.

¿Esto ...	por	... aquello?
Satisfacción multilateral		Éxito unilateral
Idoneidad familiar		Potencial financiero
Sueños de infancia		Visión corporativa
Necesidades		Deseos
Pasatiempos		Productos
Identidad personal		Posición pública

Si realmente consideraran las implicaciones, no serían tantos los que harían estos intercambios. Pero, de nuevo, estábamos hablando de una trampa ¿cierto?

Comprendo que muchos vendedores —posiblemente también usted— no deseen que sus vidas sean definidas únicamente por el trabajo, pero la mayoría percibe que sus opciones son muy limitadas. Si trabajan menos, producirán menos. Y harán menos dinero. Las cosas que se deben hacer no se harán. La competencia acabará sobrepasándolos, dejándolos, Dios no lo permita, sin trabajo. A muchos vendedores la idea de reducir la cantidad de horas que dedican a su ocupación les parece una sentencia de muerte lenta, pero segura. «No parece posible hacerlo todo en menos tiempo», es la respuesta más común que he escuchado. Pero usted sigue leyendo ¿no? Obviamente, espera que *sea* posible.

No se desanime, porque está en lo cierto. Sí lo es.

Reconsiderar su tiempo y recobrar su verdadera identidad

En mi estudio sobre los vendedores que no se han estancado repetidamente en su trabajo, he podido descubrir en casi todos los casos un punto de giro en el cual cada uno de ellos asumió una nueva perspectiva sobre el tiempo. Escarbando un poco más, encontré que todos llegaron a seis conclusiones comunes acerca de su tiempo, antes de que fueran capaces de hacer cambios en la forma en que lo utilizaban. Se las presento a usted, pues son el fundamento de todo lo que hemos discutido.

1. Mi vida nunca se estabilizará hasta que yo decida estabilizarla.
2. Trabajar no es vivir.
3. El tiempo es vida primero, y dinero después.
4. Más trabajo suele significar menos vida; menos trabajo, más productividad y eficiencia, suelen significar más vida.
5. La forma en que utilizo mi tiempo impacta profundamente mi autoestima, mi identidad, y mi realización.
6. No puedo controlar el tiempo, pero puedo controlar la manera en que lo utilizo y respondo a él.

Las implicaciones de estas verdades se harán más evidentes en los próximos capítulos. Por ahora, hay un par de cosas que usted necesita saber para que pueda comenzar a reclamar su identidad y a preparar la escena para recobrar el control de sus días.

Lo primero y más importante: *usted debe comprender qué es lo que está definiendo actualmente su identidad.* Quién es usted, y *en quién se está convirtiendo*, es fundamentalmente una función de la forma en que aprovecha su tiempo despierto. En su búsqueda del éxito, la mayoría de los vendedores soslayan esto, y se convierten en algo que nunca quisieron ser. Este principio es, sin embargo, bastante fácil de comprender: en que invierte usted su tiempo define quién es usted. Esto es irrevocable.

Si usted dedica 60, 70, u 80 horas a la semana a algo, ese algo ciertamente desempeñará un importante papel en su caracterización, y en muchos casos el papel más importante.

Aquello en lo que usted invierte su tiempo define quién es usted.

He aquí un pequeño ejercicio para ayudarle a distinguir la clave que define actualmente su identidad.

Tómese un minuto y revise la siguiente lista de categorías:

♦ La familia

♦ Los amigos (esto incluye tiempo en el teléfono)

♦ La iglesia

♦ Trabajo voluntario

♦ Su ocupación

♦ Tiempo de esparcimiento (esto incluye el tiempo que se reserva para leer, ver televisión o películas, dormir la siesta, o simplemente reflexionar sobre su vida en un diario u orando)

♦ Pasatiempos

♦ Ir de compras (a las tiendas o a través de Internet)

♦ Ejercicios

♦ Administrar sus finanzas / invertir

♦ Planear el futuro

♦ Tareas domésticas (limpiar, cuidar el jardín, lavar la ropa, etc.). Esto no se cuenta como tiempo con la familia, de esparcimiento o de ejercicios)

Segundo, considere cómo ha estado invirtiendo su tiempo en la última semana—Busque si es necesario para recordarlo su calendario o agenda. En el espacio de abajo, escriba las cinco categorías principales de la lista anterior para mostrar cómo invirtió sus horas de vigilia, clasificándolas del 1 al 5 desde la mayor hasta la menor cantidad de tiempo invertido. Recuerde que estamos hablando de todo su tiempo, no sólo sus horas laborables. No tiene que pensar demasiado. Estas categorías deben ser obvias para usted.

1.

2.

3.

4.

5.

Ahora, asigne un valor de tiempo diario a la derecha de cada categoría. Este puede estar expresado en horas, minutos, o ambas unidades. Algunos valores pueden ser un poco bajos, pero no se engañe a sí mismo. Sea realmente honesto, aun si lo que estas cifras le revelan no le gusta.

El propósito de este ejercicio es verter alguna luz sobre la razón por la que usted ha estado estancado en la Trampa de la Identidad. Y no sólo eso, también revelar qué cosas definen actualmente quién es usted. Estoy seguro de que ya puede ver adónde nos dirigimos, pero tenga paciencia. Las respuestas que usted necesita para redefinir su identidad no pueden comunicarse en un solo capítulo. Es un proceso que completaremos en el curso de este libro.

Lo que quiero que entienda—en realidad, lo que usted *debe* entender antes de que sigamos adelante—es que *lo único que le sacará del pantano en el que se encuentra es cambiar aquello en que invierte su tiempo.*

En otras palabras, si bien usted no puede administrar, domesticar o recuperar el tiempo, sí puede administrar, prevenir y cambiar la mayoría de los eventos que participan de él.

De aquí una noticia que puede ser estimulante en forma inesperada: el 75 por ciento de aquello en lo que usted invierte su tiempo laboral es probablemente una pérdida de tiempo. No bromeo: es innecesario y puede ser o bien eliminado o reducido significativamente sin afectar su productividad. Mis entrevistas a vendedores de las principales industrias y los resultados acumulativos de las encuestas realizadas en nuestros eventos indican que la mayoría de los vendedores desperdician al menos tres cuartas partes de su día en cosas que no afectan directamente lo medular de su profesión. Aunque esta comprensión puede ser frustrante, también debe animarle el saber que realmente existe espacio para mejorar. Si usted se cuenta entre la mayoría, entonces debe haber *bastante* espacio. Cuando uno empieza a deshacerse de las actividades que

La única cosa que lo sacará del estancamiento en que usted está es cambiando las cosas en que usted gasta su tiempo.

le hacen derrochar el tiempo en su trabajo, no se encontrará tan estancado como cree. Además tendrá mucho más tiempo para dedicar a las cosas que actualmente está descuidando.

A fin de recuperar su verdadera identidad usted debe lograr dos cosas:

♦ Determinar cómo está desperdiciando su tiempo

♦ Determinar cómo invertir más tiempo en las cosas que producen el tipo de vida que usted desea

Su verdadera identidad será configurada, y su camino a la libertad se despejará, una vez que consiga estos objetivos. No puedo prometerle que será fácil. Otras trampas se interpondrán en su camino y hurtarán su tiempo. Sus nombres le sonarían familiares. Pero no nos adelantemos. En el próximo capítulo le presentaré un sistema muy sencillo que le ayudará a evitar estas trampas para que pueda empezar a cosechar los resultados que desea de su tiempo, en el trabajo y fuera de él. Discutimos primero la Trampa de la Identidad porque me he dado cuenta de que cuando los vendedores comprenden las verdaderas implicaciones de su estancamiento, se sienten mucho más motivados a cambiar la forma en que trabajan. Espero que éste sea ahora su modo de ver las cosas.

Pero antes de que pase la página, quiero que haga algo por mí.

Respire hondo un par de veces.

Relájese.

Póngase cómodo y haga su mejor esfuerzo para concentrarse en lo que estamos discutiendo. Con este libro usted no debe apresurarse. Pero le prometo que al final habrá valido su tiempo.

Resumen ejecutivo

En el estilo estadounidense más perfecto, trabajar largas jornadas se ha convertido en la norma, incluso en la expectativa. El vendedor que trabaja 70, 80, incluso 100 horas a la semana, y corona así su triunfo profesional, es alabado. Reverenciamos al vendedor que no tiene horario para trabajar. Pero lo que con frecuencia se soslaya son los efectos que estas largas jornadas tienen sobre nuestra identidad. Claro que el trabajo es bueno para nosotros. Nos da una sensación de propósito y de realización. Pero existe un límite muy delicado entre ser un vendedor de éxito y vender el alma a las ventas.

La forma en que usted invierte su tiempo determina quién es ahora y en quién se convertirá. Es por eso que su profesión de vendedor conforma su identidad, para bien o para mal. Mientras más tiempo le dedique, más estará su identidad envuelta en la actividad de ventas y menos estará definida por sus otros valores, como su condición de esposo, amigo, padre, o quizás entusiasta de los ejercicios, buen cocinero, o viajero frecuente. Si dedicamos demasiado tiempo a vender, quienes somos se convierte únicamente en aquello que vendemos.

Sin embargo, si tuvieran alternativa, la mayoría de las personas desearían ser conocidas por algo más que su posición y el producto que venden. Y la única manera de asegurar que eso suceda es equilibrar el tiempo que usted dedica a trabajar y el que consagra a las demás cosas que definen quién es usted. Para hacer que esto cambie debe dar dos pasos (1) determinar cómo puede invertir menos tiempo trabajando (sin que las ventas decaigan), y (2) determinar cómo invertir más tiempo en las demás cosas que usted disfruta de la vida. Los dos son una función de la búsqueda de una verdadera definición del éxito.

Capítulo Tres

La trampa de la organización

Perder el tiempo en malabares con tareas innecesarias

Muchas veces la sociedad demanda más de la naturaleza de un hombre de lo que él es capaz de dar.

—THORNE LEE

¿Qué tal si trabajáramos menos horas y aun así cumpliéramos con el trabajo?
No se ría. Algunos lo están haciendo.

—AMY SALTZMAN

Aunque variaba a medida que crecíamos, cuando éramos jóvenes siempre había un prerrequisito para disponer de tiempo libre. Terminar las tareas domésticas, los deberes escolares, limpiar la alcoba. Más o menos así ¿cierto? Fuese lo que fuere, la esencia del mensaje es que uno no podía hacer con su tiempo lo que quería—andar con los hijos del vecino, ver televisión, recorrer con sus amigos los centros comerciales—hasta que hubiera cumplido con el trabajo y todo estuviera en su lugar. Era una regla que procuraba enseñarnos un sentido de orden. El trabajo era primero, y sólo después que estuviera hecho venía el juego.

Muchos vendedores todavía se guían por la misma regla.

El problema es que en el campo de las ventas el trabajo *nunca* está terminado. Al final del día, siempre hay una llamada más que hacer, un correo electrónico más que enviar, un contrato más que redactar, o un informe más que finalizar. El mundo de las ventas gira alrededor de otros cuyos deseos y necesidades no disminuyen cuando el reloj marca las cinco de la tarde. Siempre hay algo más que podemos hacer. Esa sensación de presión sólo es agudizada por el hecho de que la mayoría de nuestras tareas caen en la categoría de cosas que hay que hacer ya mismo. Como vendedores somos cada día arrastrados por la avalancha de cosas por hacer, y tratar de organizarse equivale a menudo a intentar apilar peñascos en medio de un río crecido.

EL RÍO DE LAS RESPONSABILIDADES

El río Klamath se origina, como todo río respetable, en una alta cascada que nace en el borde meridional de un lago enclavado entre las prístinas montañas tapizadas de pinos del sur de Oregón. Bajo el salto de agua el río empieza su descenso en dirección suroeste hacia el límite con California. Fluye a través del Reservorio Topsy hacia el norte de California y el Lago Copco, y eventualmente a través del Reservorio Iron Gate, con rumbo al Pacífico. Es en este tramo de 27 kilómetros al sur del Reservorio, conocido como el Alto Klamath, donde los entusiastas de los rápidos fluviales se concentran con sus balsas a fines de la primavera boreal, cuando la nieve derretida y las lluvias de abril desbordan el río y su torrente avanza arrolladoramente.

A mediados de mayo el Alto Klamath se encuentra por lo general en su máximo y más traicionero nivel. Sus aguas se precipitan profundas y desbordadas por el cañón volcánico, formando unos 30 mega rápidos. Las rocas que normalmente se perfilan sobre la superficie son veladas por blancas sábanas de espuma. Ciertos peñascos con formas determinadas succionan el agua de la superficie hacia su interior, creando torbellinos distribuidos al azar a lo largo del río, que forman una especie de campo minado. Si su balsa atraviesa por uno de ellos, la succión hacia abajo puede atrapar la embarcación completa y mantenerla bajo el agua durante días. Los guías del río le contarán las tragedias ocurridas allí para que no olvide a que puede enfrentarse. El Alto Klamath no es lugar para aprendices. Es un tramo de río que impone respeto, y que ha cobrado las vidas de muchos balseros temerarios.

Pero para aquellos que saben conducir sus balsas a lo largo del torrente irrefrenable en el mes de mayo, ofrece el paseo más jubiloso que se pueda experimentar.

Es algo que guarda estrecha semejanza con la profesión de vendedor. Hay días en que su río de responsabilidades fluye de manera estable y previsible. Usted puede ir al paso y completar sus tareas sin dificultad. Es capaz de prevenir en la ruta los obstáculos que amenazan frenar su productividad, y de maniobrar con facilidad para circundarlos. Si comete algún error, puede corregirlo con una mínima pérdida de tiempo. Cuando el río está estable, es posible ir a trabajar a una hora decente y estar de regreso en casa a la hora de la cena. Pero debemos reconocer que tales días son una rara excepción.

Lo más común es que su río de responsabilidades ruja como un torrente impetuoso de mediados de mayo, que amenaza con ahogarle. Mientras más tareas llueven, más desorganizados y descontrolados nos volvemos. Aun si divisamos los obstáculos, pocas veces disponemos del tiempo o la energía para evitarlos. Además, organizarse a un ritmo tan vertiginoso es en el mejor de los casos un reto, y en el peor una causa perdida.

Parece ser la ponzoña de la existencia del vendedor: una corriente impetuosa y a menudo rugiente de responsabilidades que crecen como un río en primavera. Entiendo bien este estado de cosas, porque también pasé por él. He tenido que trabajar largas jornadas para al final sentir que no he hecho lo suficiente. Me he sentido abrumado por la cantidad de actividades que debía cumplimentar en una jornada. De hecho, ésta es una circunstancia que siempre me ha costado trabajo evitar, como les sucede a la mayoría de los vendedores, que no somos por lo general el tipo de persona más estructurada.

Tengo una excusa... bueno, quizás...

Cuando les pido a 10 vendedores cualesquiera que me digan qué factor es el que más les hace batallar, al menos 10 de ellos manifiestan que son demasiado desorganizados y que les falta tiempo para ponerse al día. Como resultado, a duras penas cumplen con su trabajo a diario, pero a costa de grandes ineficiencias y errores colosales. Es una especie de trampa. Organizarse demanda tiempo. Requiere decisiones bien pensadas y acciones bien dirigidas. Pero ¿qué vendedor laborioso tiene tiempo para eso? Una vez que nos encontramos en medio del río y el torrente nos está arrastrando, detenerse para organizarse sólo agudiza el problema. Y para empeorar las cosas, la mayoría de los vendedores son por naturaleza desordenados.

Quizás le consuele saber que existen razones psicológicas para esta ética de trabajo turbulenta ¿Se trata de una excusa? De ningún modo. Pero cuando menos es una explicación viable de cómo usted ha llegado adonde se encuentra.

La mayoría de los vendedores se clasifican en dos categorías de personalidad, los altamente energéticos y los de gran capacidad para las relaciones, según el modelo DISC.[1] No sorprende que estos dos tipos de personalidad registren las mayores dificultades en lo que respecta a organización. Eche un vistazo para ver si usted encaja en alguna de las dos categorías.[2] Los indicadores apuntan fuertemente a que sí.

El vendedor altamente energético es un individuo comunicativo que se orienta a cumplir tareas, y que prospera esforzándose para que las cosas se hagan. El problema es que este tipo de vendedor tiende a ser impaciente y a pasar a la próxima meta si siente que con la que tiene entre manos se estanca, o percibe que no puede cosechar una recompensa inmediata y tangible. Como resultado está siempre modificando sus prioridades y de ese modo llenando demasiado su plato. Una vez que se estanca, el vendedor energético sucumbe a una estrategia de multitareas, que interpreta como un desafío. Desafortunadamente este patrón conduce a una merma en la calidad del trabajo y un incremento en el tiempo laboral. En su fuero interno, esto irrita al vendedor energético, pero él continúa diciéndose a sí mismo: «El trabajo duro nos premia al final».

El vendedor especialista en relaciones también es comunicativo, pero en lugar de orientarse al cumplimiento de tareas, se orienta a las relaciones personales, y prospera estableciendo relaciones para influir sobre las personas. El problema con él es que un vendedor que descansa en las relaciones tiende a ser impulsivo y a crear demasiados compromisos. Por otra parte, mientras que esta persona tiene excelentes habilidades comunicativas, tiende a soslayar los detalles que se requieren para un buen seguimiento. Como resultado, está constantemente intercambiando prioridades para satisfacer a sus clientes, los cuales monopolizan su tiempo. Así, nunca obtiene un sentido real de control sobre su jornada, pero trata de ver el lado positivo. Según este vendedor interpersonal, «Estar ocupado es un problema beneficioso».

¿Se considera usted en uno de estos dos grupos? ¿Tal vez en los dos? Si bien esta información podría explicar algunas de sus tendencias y mitigar parte de la frustración que usted ha estado

	Vendedor motivado	Vendedor relacionista
Rasgos Definitorios	Audaz Directo Dominante Determinado	Invita Inspira Contagia Indomable
Emoción clave	Ira	Optimismo
Características	Corre riesgos Necesita liderar Deseo de Vencer	Altamente emotivo Necesita interactuar Deseo de agradar
Indicadores rápidos 1. Extrovertido/Introvertido 2. Orientado a tareas/personas 3. Directo/Indirecto	Extrovertido Orientado a las tareas Comunicador directo	Extrovertido Orientado a la gente Comunicador indirecto
Valor para el equipo	Orientado a retos Automotivado Previsor	Muy optimista Colectivista Necesita motivación
Posibles Limitaciones	Autoridad excesiva Impaciente Argumentador	Gestión excesiva Impulsivo Descuida detalles

experimentando, no resolverá su problema. Quería que viera estos datos porque creo que afirman nuestra necesidad como vendedores de tomar fuertes medidas para obtener el control de nuestras jornadas laborales. Nuestra tendencia es continuar sin control y resignarnos a trabajar más para contrarrestar el problema, pero existen medidas más productivas que podemos tomar. *(Si desea aprender más acerca de su estilo de ventas y entender los estilos de compra de sus clientes, visite las siguientes páginas de la red: www.buildingchampons.com o www.platinumRule.com)*

LECCIONES DE UN GUÍA FLUVIAL

Brent, mi coautor, pasó dos veranos como timonel de balsa en el Alto Klamath, y un par de lecciones que aprendió nos ofrecen valiosos conocimientos para empezar a superar nuestro flujo incesante de responsabilidades. No se preocupe todavía por las medidas a tomar. Considere simplemente la verdad de estas dos lecciones, y permítales crear una base mental para despejar su jornada laboral. Entonces estará preparado para dar los pasos necesarios a fin de configurar una agenda saludable y sencilla.

1. *Reconozca el poder del río.* Uno de los requisitos del entrenamiento de Brent consistió en saltar a un rápido Clase III, con olas que alcanzaban entre dos y tres metros de altura. Por si no está al tanto, los rápidos fluviales en los estados del occidente de Estados Unidos se clasifican generalmente por clases, de la I a la V, siendo la Clase V la más peligrosa. Un Clase III es un rápido cúyo peligro generalmente radica en el poder y volumen de sus aguas. Los grandes peñascos no suelen ser una seria amenaza en este caso, pero la velocidad y poder de la corriente del Clase III pueden ahogarle si no se cuida; considere que fácilmente pueden volcar una balsa para diez personas. En este tipo de rápido era que Brent debía zambullirse, tomando grandes bocanadas de aire en las crestas de las olas y reteniéndolo cuando la corriente lo hundía. Él cuenta que se convertía en una lucha únicamente por mantener la cabeza fuera del agua. También refiere que después de esa experiencia, comprendió claramente con qué facilidad una corriente poderosa puede segar la vida de una persona.

En el principio de una carrera de vendedor, aceptar todo lo que se nos presenta puede parecer un reto divertido. Pero mientras más uno vende, más pronto comprende que el ritmo de una carrera en este campo no se desacelera involuntariamente. Mientras más responsabilidad asumimos, más rápido corre el río, y si subestimamos la fuerza del torrente, nos puede ahogar. Puede obligarnos a luchar solamente por mantener la cabeza fuera del agua. Es necesario que reconozca desde el principio el poder debilitante de su río de responsabilidades, si es que piensa reunir el valor para imponerse a su despiadada corriente.

2. Cuando el río está crecido y se mueve rápido, es preciso divisar lo que hay por delante. Esto generalmente requiere salirse de la corriente y determinar la ruta correcta. En una sección empinada del Alto Klamath, se halla uno de sus más desafiantes rápidos. Inmensos peñascos en cada ribera fuerzan la ruta de la corriente a través de una abertura apenas bastante grande para una balsa. Normalmente este efecto de embudo debería ser divertido y demandar técnicas simples, pero hay un gran problema: un peñasco en forma de diente canino al que con respeto se le llama «Dragon's Tooth» (El colmillo del dragón).

Sólo tres metros más abajo de la pequeña abertura en forma de embudo emerge del agua blanquecina un gigantesco colmillo de granito, obligando al balsero a maniobrar hacia un lado o ser devorado vivo. Este colmillo no es nada amistoso; se erige en el mismo centro del cauce de la corriente, desafiando al guía a evitarlo. Difícilmente podría encontrarse un peor obstáculo. Como resultado, la poderosa corriente golpea directamente contra el colmillo. Si detrás viene una balsa, enfrenta un gran peligro. El torrente es demasiado arrollador, y el peñasco demasiado grande. Por esta razón, los guías más avezados reman hacia la orilla para caminar por la ribera y explorar la mejor ruta a tomar. Esto no es cobardía, sino lo contrario, es lo que cualquier guía sensato sabe hacer para proteger y preservar su propia vida y las de los demás tripulantes de la balsa.

Si usted está estancado como vendedor, probablemente ha llegado a la vista de su Colmillo del Dragón. Sabe que tiene que hacer algo, cualquier cosa, o su condición empeorará, escapando totalmente de su control. Quizás como resultado de tanto trabajar, su familia se está desintegrando lentamente. O quizás sus largas jornadas laborales le han hecho ganar peso, y le preocupa el daño que el estrés esté haciendo a su cuerpo. Tal vez está simplemente harto de trabajar tanto, y a punto de estallar si no se produce algún cambio. Probablemente desea volver a invertir su tiempo en otras cosas que ama, o al menos tener algunas opciones en su utilización... pero le apuesto a que no sabe cómo llegar allí. Ahora es el momento ideal para salirse de este río rugiente que llamamos carrera de vendedor, siquiera por unos instantes, y explorar el horizonte para determinar cómo podrá llegar indemne al final. Desde la orilla, las cosas parecen más claras.

PÓNGALE UN DIQUE A SU CARGA DE TRABAJO

Cuando usted emerge de la corriente caótica de su carrera el tiempo suficiente para analizarla con franqueza, comprende que sólo hay dos formas de enfrentarse a ese río rugiente de responsabilidades:

1. Puede aprender a conducirse a través de los rápidos e intentar sortear los obstáculos lo mejor que pueda, o...

2. Puede construir un dique.

Por su naturaleza ambiciosa, los vendedores suelen optar por la primera alternativa. Cuando asumen su primer empleo las compuertas están abiertas, mas durante el resto de sus carreras tienen que hacer lo posible para evitar ahogarse ¿Le parece bien eso? No necesariamente describe todos nuestros días de trabajo, pero sin duda describe muchos de ellos.

Si usted elige enfrentarse al poderoso río de las ventas, no es sólo su culpa. La mayoría de los directivos predican que «no importa cómo se haga, lo importante es que se haga», así que posiblemente cuando usted comenzó su carrera fue lanzado al río y obligado a aprender sobre la marcha. Como resultado, puede que haya desarrollado métodos de trabajo y de venta que no fueron los más eficientes, pero que le sirvieron; técnicas que le permitieron mantener la cabeza fuera del agua. Al margen de que haya estado en la profesión seis meses o 20 años, probablemente todavía utiliza algunas de esas estrategias diligentes, pero no muy eficientes.

El problema es, sin embargo, que una vez que está en medio de la corriente usted no puede controlar el flujo del río. Esta es la razón de que tantos vendedores tengan dificultades para mantener una organización de sus jornadas laborales. Cuando la corriente le está arrastrando, todo lo que usted puede hacer es mantener la cabeza fuera del agua y evitar peñascos y árboles. Pero no puede cambiar la corriente, porque en ese momento usted es parte de ella.

La única manera de reducir la velocidad de su río es construir un dique. Sólo entonces podrá atemperar su flujo indetenible. La historia nos enseña que, con un dique, hasta los ríos más impetuosos se pueden domesticar.

En 1931 miles de hombres con sus familias se desplazaron hacia Black Canyon, estado de Nevada, para poner bajo control al poderoso río Colorado. Sus esfuerzos son un testimonio de la capacidad humana para construir proyectos importantes en medio de las condiciones más adversas. La Presa Hoover fue el fruto de ese esfuerzo; se construyó durante la Gran Depresión económica con los siguientes materiales:

- ♦ 4.205.000 metros cúbicos de material excavado
- ♦ 764.500 metros cúbicos de tierra y relleno de grava
- ♦ 20.410 toneladas de acero de refuerzo
- ♦ 9.830 toneladas en compuertas y válvulas
- ♦ 39.915 toneladas de acero laminado y cañería de salida
- ♦ 3.040 toneladas, o 1.345 kilómetros de tubería y conexiones
- ♦ 8.165 toneladas de acero estructural
- ♦ 2.405 toneladas de metales diversos

La cantidad de concreto fundido en la Presa Hoover y su planta eléctrica —3.333.460 metros cúbicos— serviría para «construir un monumento cuadrado de 30 metros de lado y 3.6 kilómetros de altura; se elevaría más que el edificio Empire State si se construyera en algún bloque de una ciudad al uso. O podría pavimentar una carretera regular de cinco metros de ancho desde San Francisco hasta Nueva York».[3]

Construir una represa no era tarea fácil entonces, ni lo será tampoco para usted. Pero una vez construida, podrá someter hasta al más fiero de los ríos (la presión del agua en la base de la Presa Hoover es de ¡22 kilogramos por cm²!)

LOS PLANOS DE SU DIQUE

Los diques se construyen para regular el flujo de una masa de agua. En esencia, son barreras capaces de proteger contra un exceso de agua en cualquier momento y de mantener una corriente previsible y manejable. Si su deseo es regular el torrente de su frenético horario de trabajo, también usted deberá levantar tales barreras.

Lo he estado diciendo durante años: si no impone límites en su trabajo, no habrá equilibrio en su vida.

En otras palabras, *sin* límites a sus responsabilidades laborales, no tendrá tiempo para las responsabilidades y oportunidades de la vida. En cambio, *con* límites que regulen el flujo de sus tareas laborales, su tiempo para la vida adquirirá nuevas posibilidades. Hablemos ahora de cómo empezar a construir este dique para atemperar el ritmo alocado de trabajo en el que usted se encuentra atrapado.

Si usted no impone límites en su trabajo, no habrá equilibrio en su vida.

En primer lugar debe comprender que, como no es capaz de controlar el tiempo, la única forma de organizar su jornada laboral es controlar sus tareas diarias. La administración de tareas—y no la administración del tiempo—es el fundamento de la organización. Si usted pudiera aprender a controlar las tareas que plagan su vida, obtendría mayor libertad con respecto a su tiempo. Este es un punto crucial que no deseo simplificar demasiado. Digámoslo así: la única manera de que usted se libere de las trampas que le desangran su tiempo es controlar las cosas que se lo ocupan, o sea: *sus tareas*.

Dicho esto, comencemos por los fundamentos de la construcción de barreras a sus tareas. Me referiré a esto de manera general como la construcción de su dique.

La construcción de su dique consta de cuatro fases. Cada una representa diferentes límites—diferentes niveles del dique—que usted debe construir a fin de refrenar el rápido ritmo con que las tareas llenan su río de responsabilidades. Si usted completa estas fases en forma sucesiva, al final habrá erigido un dique del tamaño de la Presa Hoover que le permitirá regular hasta el más poderoso torrente de tareas, incluyendo la que está enfrentando ahora mismo en su trabajo. Estas son las cuatro fases:

1. Acumulación

2. Admisión

3. Acción

4. Valoración

Fase I: Acumulación

Esta es la fase fundamental de su dique. En ella usted debe aprender a bloquear todas las actividades *innecesarias* antes de que requieran su atención y succionen su tiempo. En otras palabras, el objetivo principal de la Fase de Acumulación es establecer barreras que impedirán la entrada a su río de interrupciones o distracciones. La construcción de estos límites es la clave para superar la Trampa de la Organización. Volveremos a este punto más adelante.

FASE II: ADMISIÓN

Una vez que usted ha impedido que tareas innecesarias drenen su tiempo, debe fijar límites que le ayuden a priorizar y programar aquellas que siguen reclamando su atención. Es por eso que esta fase se llama de «Admisión»: en ella usted determinará cómo *admitir* tareas legítimas en su agenda de la manera más eficiente posible. Es en esta fase que usted aprenderá a descifrar la diferencia entre las tareas *necesarias* y las tareas *productivas,* y luego, a fijar los límites que le permitirán optimizar cada día su tiempo para aquello que es más productivo. (Esta fase comprende la Trampa del Sí.)

FASE III: ACCIÓN

En esta etapa usted empieza a llevar a cabo las tareas que son o bien necesarias o productivas, con base en los límites fijados en la Fase de Admisión. En la Fase de Acción, o construcción, aprenderá a incrementar su productividad general. Una vez concluida esta tercera fase, usted habrá terminado la construcción de su dique, pero le quedará todavía una última etapa. (Esta fase comprende la Trampa del Control.)

FASE IV: VALORACIÓN

Al llegar a esta fase usted ya contará con un sólido sistema de límites—un dique—que le garantizará un mínimo de cuatro horas diarias para dedicarse a vender. No obstante, aún podría recaer en los hábitos que le hacen derrochar el tiempo productivo que ha creado. La Fase de Valoración le ayuda a evitar estos obstáculos y le enseña a mantenerse enfocado en las tareas que no sólo son las más productivas de su empresa, sino también las más productivas de su vida. (Esta fase comprende la Trampa de la Tecnología, la Trampa de las Comisiones, la Trampa de las Cuotas, la Trampa de los Fracasos, y la Trampa de las Fiestas.)

Inicio de la construcción

Como puede ver, el sistema no es tan complicado. Ni necesita serlo. De hecho, de aquí en adelante las claves de la construcción de su dique y la recuperación del control de su jornada laboral las encontrará superando las trampas del tiempo que vamos a discutir.

Mientras seguimos adelante, usted podría darse cuenta de que ha construido ya parte de su dique, y eso es magnífico. Si ése fuera el caso, le insto a utilizar estas secciones del libro como un repaso y una oportunidad para evaluar la efectividad de sus barreras. En cuanto al resto de este volumen, continúe leyendo. Éste es un sistema fácil de aplicar y que cambiará no sólo la imagen de sus jornadas laborales, sino también su perspectiva general de la vida.

Recuerde que, al final, el valor de crear más tiempo consiste en obtener más vida, y es eso en definitiva lo que estamos buscando.

Si cree que está listo ahora para empuñar las herramientas y construir su dique, comencemos. No tenemos, literalmente, tiempo que perder.

Represando sus tareas antes que le hagan estragos

Las dos primeras fases de la construcción—Acumulación y Admisión—son el fundamento de su dique y representan pasos que usted deberá emprender bien para impedir que ciertas tareas ingresen a su río de responsabilidades, o para regularlas. Establecer límites en estas dos fases—antes de que usted tome medidas—es la clave de la organización; no importa cuán fuera de control se encuentre en este momento.

Fase 1: Acumulación

Con harta frecuencia, los vendedores se echan encima más estrés y trabajo al asumir un enfoque reactivo hacia su labor—esencialmente, encargarse de todo lo que llega a sus manos. Esto es

47

muy desorganizado y permite que interrupciones improductivas enturbien su río y monopolicen su tiempo. Para empezar a despejar su caótico calendario de trabajo, siga estas cinco pautas a fin de construir límites que regulen o eliminen las más comunes tareas innecesarias que abarrotan su jornada laboral. Aplicarlas ayudará a echar los cimientos de su dique.

1. *No regale sus dígitos a sus clientes.* Me refiero a sus números de teléfono celular y residencial y a su dirección personal de correo electrónico. Este es un error común, y ¿sabe usted por qué? Porque los van a usar. Si un vendedor me da sus números personales y no puedo localizarlo en el trabajo, trataré de hacer contacto con él por los demás medios que ha puesto a mi alcance ¿Por qué no? Él me los ha ofrecido ¿No haría usted lo mismo? Cierto, estamos en un negocio de servicio al cliente, y nadie quiere perderse llamadas importantes, pero si no empieza a establecer límites a la capacidad de sus clientes para localizarle, nunca saldrá del pantano. Una amable vendedora me dio el otro día una tarjeta de presentación e incluía siete formas de ponerse en contacto con ella ¿Por qué dar tantas opciones a los clientes? Simplifique la parte de ellos y sanee la suya. He aquí lo que digo a los vendedores en mis seminarios: ofrezcan a los prospectos y clientes una sola dirección de correo electrónico y un número de teléfono. Sé que es fácil y tentador hallar una justificación para dar más información de contacto, pero no ceda. Hágase esta pregunta: ¿Me gustaría ser conocido como una persona de fácil acceso, o como una por quién vale la pena esperar?

2. *No dé a sus amigos los dígitos de su trabajo.* Si ya los tienen, pídales que se comuniquen con usted por correo electrónico y/o que le llamen a sus números personales. Si el problema persiste, pídale a su jefe que le cambie su número telefónico y su correo electrónico, y explíquele que está trabajando para incrementar su productividad. Bien, sé que pensará que esto parece un

poquito extremista, pero ¿cuántas vías necesitan nuestros amigos para comunicarse con nosotros? Si tiene un celular personal, un correo electrónico privado, y un número telefónico de su casa (como la mayoría), sus amigos ya disponen de tres formas de ponerse en contacto con usted y dejar mensajes. Eso es más que suficiente. Debe comprender que si hubiera una emergencia (excusa que muchas personas utilizan para dar los dígitos del trabajo a sus amigos), siempre podrán comunicarse con usted, no importa donde se encuentre. La idea es evitar todas las llamadas y correos de sus amigos que no sean urgentes, lo cual representa alrededor del 99,9 por ciento del total.

3. *Apague las funciones del mensajero instantáneo y la alerta de correo electrónico en la computadora de su trabajo.* Yo no debería decirle que hiciera esto, pero he encontrado que muchos vendedores mantienen una o dos de estas funciones activas mientras están trabajando. Si usted revisa y recupera sus mensajes a horas específicas (esto lo discutiremos en el próximo capítulo) hasta esa hora no necesita saber si tiene mensajes o no. Lo último que le hace falta es que el día entero anden apareciendo alertas y mensajes breves en su pantalla. Son demasiado tentadores y le dejarán sin tiempo en menos de lo que cree.

4. *No conteste el teléfono a menos que sea alguien que esté esperando.* ¿Cuántas de sus llamadas inesperadas acaban con una venta? Muy pocas, si usted es como la mayoría de los vendedores. Por tanto no necesita estar contestando el teléfono cada vez que timbre. En realidad, a menos que usted sea un detallista que opera su negocio por vía telefónica, o que esté esperando una llamada específica, ni siquiera debería tener el timbre activo. Y hasta podría cubrir con cinta adhesiva la lucecita roja de los mensajes en espera. Si su teléfono celular pita o vibra cuando tiene un mensaje esperando, apague también esa función. Sé que esto puede parecer un poco antisocial de su parte—especialmente si se encuentra en una oficina grande con numerosos compañeros de trabajo—pero el hecho es que si en el otro extremo no se encuentra un prospecto o un cliente, usted no debería estar en el teléfono. Y en cuanto a sus colegas, ellos hallarán la forma de contactarse con usted si se trata de algo importante.

5. No revise su correo electrónico personal en horas laborables. Probablemente esto se menciona en algunas de las 500 páginas del manual de política interna de su compañía, pero seamos honestos. Son muy pocos los que respetan esa regla, y sólo prolongan así sus horas de trabajo, a veces varias horas por semana. No sólo eso, también añaden tareas a su río de responsabilidades, como enviar correo electrónico, o llamar para dar direcciones, o revisar una página en la red, o contestar una pregunta que podría ser respondida más tarde. De nuevo, en general sus amigos le apoyarán cuando comprendan que usted está dando algunos pasos para ordenar su tiempo de trabajo de modo que pueda disponer de más tiempo libre. Si no posee una computadora portátil o una PC en su casa, este paso puede ser difícil de implementar. Hay dos formas de remediarlo: (1) Hable con su jefe y pídale que reemplace su computadora de mesa con una portátil. Muchas compañías arriendan sus computadoras, así que puede ser más factibles de lo que imagina. O (2) haga una inversión en una computadora doméstica. Hay muchas máquinas de mesa que se pueden adquirir por menos de 1.000 dólares o que puede ir pagando en plazos mensuales. (Al arreglar los impuestos esto se puede considerar un gasto de su negocio no reembolsado). Si no puede darse este lujo, puede arrendar una computadora portátil por muy poco dinero y utilizarla en casa para estar en contacto con sus amigos. Cualquiera sea la forma que decida, su mayor productividad en el trabajo compensará en muy breve tiempo la inversión.

Trabaje sin interrupciones

Permítame pasar por alto todas las tareas obviamente escapistas a que se dedican los vendedores, como navegar por la red y jugar juegos de computadora, o contar chistes a sus colegas en la cocina. Esto es claramente una pérdida de tiempo, y si desea despejar su tiempo usted necesita eliminar tales actividades. Las mencionadas en la sección anterior representan los más reiterativos e ignorados «chupatiempos» de la industria de las ventas. Claro que existen otras: reuniones innecesarias; ordenar una y otra vez el área de trabajo; leer el periódico en el baño (vamos, hombre, seamos honestos); «refrescarse» continuamente en el lavatorio de señoras (damitas, ustedes tampoco están exentas); merendar a cada hora; arreglar la copiadora rota; revisar en la Web las cotizaciones de la bolsa, resultados deportivos o galerías comerciales... ¿Me ha comprendido? Aparentemente las tareas innecesarias que pueden saturar nuestra jornada laboral son infinitas. Por ingenuas que parezcan, se sorprenderá de ver cuánto tiempo se libera solamente con establecer límites que impidan que tales tareas ingresen a su río de responsabilidades, empezando por las cinco más prevalecientes.

Si usted actualmente dedica cada día los siguientes períodos de tiempo (calculados conservadoramente) a las cinco tareas más consumidoras, observe cuánto tiempo liberaría en el curso de un año si pudiera bloquearlas:[4]

Si usted piensa que estos cálculos son exagerados, le reto a que lleve la cuenta de su tiempo durante tres semanas. Se dará cuenta de que mis cifras no están infladas ¿Se imagina cuánto más podría rendir si utilizara 747.5 horas más al año? ¡Son casi 19 semanas más!

Pero por supuesto, liberar su tiempo demanda más que impedir que las tareas innecesarias le interrumpan. Como usted sabe, muchas actividades no pueden ser eliminadas. Por tanto, organización es también regular la programación de las tareas que usted necesita llevar a cabo, pero esto puede o no ser altamente productivo. El tema de nuestro próximo capítulo será la próxima fase, la administración de tareas.

Tarea	Tiempo invertido	Tiempo liberado
Correos-e a direcciones del trabajo	30 min./día	115 horas/año
Llamadas personales en el trabajo	30 min./día	115 horas/año
Contestar todas las llamadas	60 min./día	230 horas/año
Clientes llaman a números personales	60 min./día	230 horas/año
Alertas de correos-e y mensajes inst.	15 min./día	57.5 horas/año
Tiempo total liberado	3 horas/día	747.5 horas/año

La mayor parte de nuestros días laborables, organizarse en medio del caos de las ventas, se parece a tratar de mantener la cabeza fuera del agua en un río rápido y turbulento. Con frecuencia, su río de responsabilidades se le mostrará rugiente como un río desbordado a mediados de mayo que amenaza con ahogarle. Mientras más tareas llueven, más desorganizado y fuera de control se vuelve usted. Aun si puede ver los obstáculos, pocas veces tiene el tiempo o la energía para eludirlos. Además, mantener el control a este ritmo de vértigo es en el mejor de los casos un reto, y en el peor una causa perdida. Y para empeorar las cosas, los vendedores son personas que se caracterizan por su desorganización.

Sin embargo, la mayor parte del caos en el campo de las ventas no es resultado de problemas de carácter, de demasiado trabajo, o muy poco tiempo. Es principalmente el resultado de invertir su tiempo en tareas insignificantes. Por tanto el primer paso para despejar su jornada laboral es establecer límites que impidan que tareas innecesarias trasquilen sus horas:

1. Nunca ofrezca sus dígitos personales a los clientes.

2. No dé a sus amigos su información de contacto en el trabajo.

3. Apague en su computadora las funciones de mensajero instantáneo y alerta de correo electrónico.

4. A menos que esté esperando una llamada no conteste el teléfono.

5. Evite revisar su correo electrónico personal en horas laborables.

Hablando metafóricamente, estos cinco límites representan la construcción preliminar de un dique que eventualmente hará más lenta la corriente de su río de responsabilidades. Nos referimos a esta fase inicial como la fase de levantar un dique a su cúmulo de tareas.

Capítulo Cuatro

La trampa del sí

Perder el tiempo diciendo a todo que sí

No puedo decir no

RODGERS Y HAMMERSTEIN,
CANCIÓN DE «¡OKLAHOMA!»

Se ha calculado que un vendedor típico sostiene ¡170 interacciones cada día![1] Si usted descompone este cálculo basado en una semana laboral de 50 horas, las cifras resultantes son reveladoras: 170 interacciones por día multiplicadas por cinco días laborables a la semana equivalen a 850 interacciones. Divida estas 850 interacciones semanales entre 50 horas laborables por semana, y verá que sostiene alrededor de 17 interacciones por hora. O, en otras palabras, tiene unos tres minutos para enfocarse sin interrupciones en cualquier cosa particular. Aun si para ponerse al día usted trabaja 80 horas a la semana, seguirá contando con sólo cinco minutos para enfocarse sin interrupción en una tarea. Esto no es sólo muy poco tiempo para hacer algo bien; es también muy poco tiempo para hacerlo, *punto*.

El problema es simple: la mayoría de los vendedores asumen demasiadas responsabilidades, y esto no sólo incrementa el tiempo que deben trabajar, también aumenta su propensión al estrés y a los errores. Leí que una vendedora sumamente atareada compró unos boletos de la Serie Mundial de béisbol para halagar a algunos clientes importantes. Al comerciante a quien le compró las papeletas le dijo que quería asistir a un partido un martes o un miércoles por la noche, pero preferiblemente el miércoles. Imagine su sorpresa cuando la noche del miércoles se encontró con sus clientes en la puerta y la rechazaron porque los boletos que tenía eran para la noche anterior. Con el apuro, había olvidado verificar la fecha.[2]

El problema de andar afanado se manifiesta en muchas formas: tardanzas, olvidos, inconsistencia, ineficiencia, frustración, estrés... hay muchos más, pero este ajetreo tiene su raíz en una sola cosa: los vendedores dicen que sí con demasiada frecuencia.

Como resultado, acaban cada día comenzando más tareas que las que finalizan, y las que concluyen suelen estar plagadas de errores o inconsistencias. Y éste, bien lo sabe usted, es sólo el comienzo de las contrariedades, pues cuando las tareas no se cumplen, debe dedicarse más tiempo a revisarlas o rehacerlas. Además, si las que se empiezan no se terminan en el día, hay que dejarlas para el siguiente, empeorando así la carga de trabajo y desbordando su río de responsabilidades hasta que se vea obligado, bien a trabajar jornadas maratónicas para ponerse al día, o a someterse a un vertiginoso ritmo cotidiano de trabajo. Y todos sabemos que lo de ponerse al día tiene algo de mítico e inalcanzable. Sólo pueden hacerlo los superhéroes del mundo de las ventas, quienes, según la leyenda, se mueven tan rápido que sus movimientos son invisibles para el ojo humano. Pero ¿sabe usted de alguien como usted y como yo que se haya puesto alguna vez al día? Los estudios sugieren que no.

> *El estar ocupado tiene su raíz en una sola cosa: los vendedores dicen que sí con demasiada frecuencia.*

Un día típico en la vida de Súper Vendedor

Lunes 9:01 AM   Lunes 9:02 AM   Lunes 9:03 AM

LA NUEVA ECONOMÍA DEL «SÍ»

Una encuesta telefónica realizada en 2001 a familias trabajadoras estadounidenses por el *Instituto del Trabajo y las Familias* llegó a las siguientes conclusiones:

♦ El 55 por ciento de los encuestados se sienten abrumados por la cantidad de trabajo que tienen que cumplir.

♦ El 45 por ciento cree que tiene que realizar demasiados trabajos a la vez y encargarse a menudo de varias tareas a fin de llevar el paso.

♦ El 55 por ciento admite ser incapaz de reflexionar sobre el trabajo que está realizando y perfeccionarlo.

♦ El 90 por ciento está firmemente de acuerdo en que trabajan «demasiado» y «demasiado rápido», y «nunca tienen suficiente tiempo para finalizar un trabajo correctamente».[3]

Nos hemos convertido en una nación de trabajadores y trabajadoras que nunca dicen que no, para quienes ninguna tarea es mucho pedir y que, en consecuencia, las empiezan todas con un «Enseguida señor», y una actitud de «Ya está hecho, señora». Y los vendedores son líderes de este movimiento.

En la profesión de vendedor es muy fácil caer en la Trampa del Sí. Servir a los clientes significa acceder a sus peticiones, convertirse, dirían algunos, en una especie de genio de la lámpara. Significa asumir tareas a fin de obtener confianza y cerrar ventas. Se requiere una actitud de «lo puedo hacer». Y también una gran inversión de tiempo. Se demanda de usted que se convierta en lo que Joan Williams, profesora de derecho en American University, llama «el trabajador ideal». En *Work to Live* (Trabajar para vivir), Joe Robinson resume las características de tales personas:

El trabajador ideal es alguien que ingresa en la fuerza de trabajo a jornada de ocho horas—hoy día jornada de horas extra—en sus primeros años de adulto, y que, si puede, levanta la cabeza 40 años después.

No obstante, hay algunos problemas con esta clasificación; Robinson explica uno de ellos:

> Los trabajadores ideales son rehenes de sus empleos, lo cual les impide ser padres... el papel del trabajador ideal es el de una bomba de tiempo que hace volar en pedazos los matrimonios, y sus hijos representan los daños colaterales. La tasa de divorcio es más alta en las industrias con una carga pesada de trabajo... Al final, pagan los niños y todos nosotros, dice Williams, porque un 40 por ciento de las mujeres divorciadas acaban en la pobreza, y con ellas sus hijos, ya que la mayoría conviven con sus madres.[4]

Robinson describe esta condición laboral actual como «un mundo en el que los padres no pueden ganarse la vida y ser padres al mismo tiempo». Es trágico pero aun si usted no es padre, los estragos son numerosos.

Según la Fundación Nacional del Sueño, el 63 por ciento de los adultos estadounidenses no duermen las ocho horas y media recomendadas que se necesitan para mantener buena salud, seguridad y un rendimiento óptimo; alrededor de un tercio reporta que duerme menos de siete horas cada noche de lunes a viernes. El estudio descubrió una correlación directa entre la pérdida de sueño y la cantidad de horas trabajadas, indicando la necesidad de los norteamericanos de encontrar una forma de reducir sus horas de labor o afrontar las consecuencias.

La mayoría de los vendedores podrán admitir que no duermen todo lo que deberían. Desafortunadamente muchos no pueden reducir su carga de trabajo, y por tanto continúan laborando en un constante estado de estrés y fatiga. Sin embargo, no es por falta de deseos.

Otra consulta de la Fundación Nacional del Sueño encontró que la mayoría de los trabajadores manifestaron su preocupación por el impacto de la falta de sueño y de la fatiga en su rendimiento laboral. La encuesta detectó un apoyo general a la limitación de las horas de trabajo en muchas profesiones que ponen en riesgo la seguridad personal. Estas son algunas conclusiones específicas:

◆ El 70 por ciento cree que un médico debe trabajar a diario un máximo de diez horas, o menos.

◆ El 86 por ciento opinó que a un piloto se le debe permitir tomar una siesta para conjurar el sueño mientras está en vuelo si otro aviador calificado se puede hacer cargo del avión; el 63 por ciento dijo que la jornada laboral máxima de un piloto debe ser de ocho horas, o menos.

◆ Casi 50 por ciento apoyó limitar la jornada laboral de los policías, camioneros y enfermeras a un máximo de ocho horas.[5]

Estos resultados indican que reconocemos la necesidad de cambios cuando alguien está demasiado tiempo en el trabajo. También revelan nuestro acuerdo general respecto a que jornadas de trabajo muy largas y noches sin dormir bien no mejoran la eficiencia laboral. Al menos eso es lo que pensamos en lo tocante a los médicos, enfermeras, camioneros, policías, y pilotos. Pero cuando se trata de nosotros mismos la historia cambia ¿cierto? Nos sentimos atrapados.

En medio de una marea siempre creciente de responsabilidades parece imposible reducir horas sin afectar las ventas y el éxito. Pero eso es sólo en apariencia. Lo cierto es que si no pone límites a lo que usted puede emprender, las consecuencias siempre serán lamentables, y a menudo peores que perder unas cuantas ventas. En uno de nuestros recientes seminarios, Tim Sanders, Oficial Jefe de Soluciones y Entrenador de Liderazgo de ¡Yahoo!, reveló que alrededor de 8 millones de personas padecen lo que él codifica con las iniciales NEDS. Corresponde a las siglas en inglés de Síndrome de Depresión de la Nueva Economía, y es un efecto adverso de la Trampa del Sí.

REDUCIR HORAS SIN PERDER VENTAS

Sólo hay dos maneras de reducir su pesada carga de trabajo y liberar más tiempo: (1) sacrificar ventas, o (2) decir que no más a menudo. Si usted escoge la primera opción, está decidiendo simplemente que hacer menos dinero es un precio justo por obtener más simplicidad y sanidad *en* el trabajo y más tiempo *fuera* del trabajo. Es una ruta admirable, pero no la más efectiva, ni tampoco es indispensable.

En el capítulo dos le decía que es probable que al menos tres cuartas partes de su tiempo diario estén siendo invertidas en tareas que no promueven la finalidad última de su trabajo. Según otros estudios, mis estadísticas son modestas. En su más reciente obra, Brian Tracy escribe que en 1928 la revista *Sales and Marketing Management* realizó una encuesta que reveló que el vendedor estadounidense promedio se dedicaba a vender sólo 90 minutos diarios, o alrededor del 20 por ciento de su tiempo en el trabajo. En 1988, considerando que el incremento de entrenamientos para mejorar la productividad seguramente habría cambiado la eficiencia de los vendedores norteamericanos, la misma revista realizó una segunda consulta. Pero los resultados fueron los mismos: el vendedor promedio rendía a duras penas 90 minutos productivos diarios. En 60 años, nada había cambiado.[6]

Más recientemente, en 2003, Proudfoot Consulting realizó un estudio acerca de los comportamientos y el rendimiento laboral en el mundo. Por primera vez desde que se iniciara ese estudio anual, Proudfoot evaluó específicamente la eficacia de la fuerza laboral de ventas.[7] Encontraron que en todos los países encuestados (Australia, Francia, Alemania, Sudáfrica, España, el Reino Unido, y Estados Unidos), los vendedores se encuentran atascados en asuntos burocráticos y vinculados al servicio al cliente, y que como promedio sólo pasan el 20 por ciento de su tiempo vendiendo activamente y buscando prospectos. Por otra parte, el estudio demostró que la mayoría de los vendedores pasan cerca de un 43 por ciento de su tiempo manejando problemas y tareas administrativas, y un 30 por ciento, entre la casa y el trabajo y en reuniones con sus clientes. El 7 por ciento restante de su tiempo se designa como «tiempo muerto», durante el cual no hacen nada productivo. En otras palabras, durante casi un siglo (o al menos desde que llevamos la cuenta) los vendedores en todo el mundo han pasado cerca del 80 por ciento de su tiempo terminando tareas que no contribuyen a la finalidad última de su trabajo. Eche un vistazo a la distribución del uso del tiempo por categorías generales según el estudio:

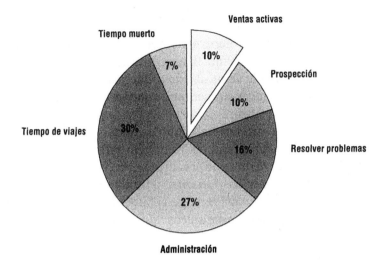

© Proudfoot Consultin Company 2003.
Usado con permiso.

Ahora observe la distribución del uso del tiempo en las industrias de ventas más prominentes del mundo. Observe la columna de la extrema izquierda, que indica el porcentaje promedio de tiempo que se invierte en cada industria en «ventas activas».

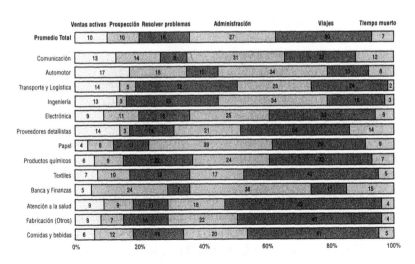

© Proudfoot Consultin Company 2003.
Usado con permiso.

En el capítulo anterior vimos cómo asumimos a la ligera tareas que monopolizan nuestro tiempo. Le llamamos a eso la Trampa de la Organización. Para evitarla debemos construir barreras que regulen la acumulación de tareas *innecesarias*. Esto es esencial para proteger su tiempo e impedir que tareas improductivas desborden su río.

En este capítulo estamos hablando de un tema diferente: nos enfocamos en la incapacidad del vendedor para pasar la mayor parte de su tiempo realizando las tareas más productivas y medulares. Este problema ha sido bien definido, y ha existido por algún tiempo. Le llamo la Trampa del Sí, y tiene sus raíces en la incapacidad del vendedor para decir que no.

EL VALOR DE SABER DECIR NO

Si echáramos una mirada detallada a las tareas generales con que se comprometen los vendedores, no sólo identificaríamos el origen del problema; también descubriríamos una solución nueva que usted podría utilizar de inmediato. Comencemos. Las tareas que llevamos a cabo en cualquier día determinado se clasifican en tres categorías:

1. tareas *innecesarias*,

2. tareas *necesarias*, y

3. tareas *productivas*.

Para que le sea fácil recordarlo, piense en estas categorías como las tres luces, en orden descendente, de un semáforo. Veremos esto con más detalles en unos instantes.

♦ *Las tareas innecesarias* son de color *rojo*, pues representan actividades que impiden a su negocio progresar, y que por tanto desperdician su tiempo. Como vimos en el Capítulo Tres, incluyen enviar correos electrónicos a los amigos; responder llamadas telefónicas inesperadas; chatear con compañeros de

trabajo, enviar mensajes instantáneos, realizar llamadas
telefónicas personales, navegar por la red, y ponerse a
jugar juegos de computadora. Estas son las tareas a las
que hay que poner fin.

♦ **Las tareas necesarias** son de color *amarillo*, pues
representan actividades que tienen el potencial para
hacer avanzar su negocio, aunque a un ritmo menos
productivo que otras. Estas actividades implican un uso
positivo de su tiempo, pero solo con carácter estratégico.
Entre ellas se cuentan la determinación de objetivos y el
planeamiento, observación y evaluación, calificación de
prospectos, sondeos a los clientes, y el papeleo necesario
para el cierre de una venta. Esta es su zona de
precaución. Se trata de actividades cuyo reclamo de
tiempo usted debe regular.

♦ **Las tareas productivas** son de color *verde*, pues
representan las actividades que hacen avanzar más
efectivamente su negocio, y constituyen el mejor uso de
su tiempo. Suelen ser acciones que reflejan los
descubrimientos que se han hecho al realizar las tareas
necesarias. Las dos más importantes en esta categoría
son la prospección estratégica y la venta. Ninguna otra
añade más al objetivo de su empresa. Estas deben tener
siempre luz verde (como colateral yo también incluiría en
esta categoría la «recopilación de información». Tengo
un cliente que dedica diez horas de su tiempo libre
semanal a recopilar información sobre las tendencias en
su industria. Algo similar puede lograrse en el marco de
la jornada laboral, leyendo con regularidad
publicaciones y libros relevantes. Le recomiendo que al
menos uno de cada dos libros o publicaciones que lea
sirva para enriquecer su educación profesional).

Veamos ahora los detalles de cada categoría de tareas y cómo
establecer límites que le permitan regularlas y programarlas
efectivamente.

TAREAS INNECESARIAS

TAREAS NECESARIAS

TAREAS PRODUCTIVAS

TAREAS INNECESARIAS

En el capítulo anterior nos ocupamos exclusivamente de las más persistentes tareas e *innecesarias*, así que no diré mucho más aquí salvo recordarle que las barreras erigidas en la Fase de Acumulación son el fundamento de su dique. Usted debe mantener una regulación de estos «chupatiempos» mediante su disciplina de límites, o nunca podrá moderar la corriente de su río de responsabilidades. Inicialmente, no debe requerir más de un cinco por ciento de sus horas laborables. Una vez que ha cimentado sus barreras y se siente cómodo con su efectividad (esto no debe tomar más de tres semanas), ya no tendrá que invertir más tiempo en la regulación de esta categoría; su dique lo hará por usted.

Dicho esto, examinemos las otras dos categorías y cómo puede levantar barreras que le ayuden a dedicar la mayor parte de su tiempo laboral a tareas que producen los mayores retornos en productividad y tiempo libre. Ahora pasamos a la siguiente fase de la construcción.

Fase 2: Admisión

TAREAS NECESARIAS

La categoría que más traba a los vendedores es la de las tareas *necesarias*. Ésta incluye deberes diarios que proporcionan valor a su negocio y pueden liberar tiempo si se llevan a cabo adecuadamente. Pero si se dedican demasiadas horas a estas faenas, usted terminará consumiendo más tiempo que el que obtiene a cambio. Proceda con cautela en cuanto a las tareas *necesarias*. Es aquí donde con frecuencia muchos buenos vendedores golpean el techo de su productividad, y dejan de realizar proezas en la profesión. Una clienta se encontraba en dicha situación cuando buscó consejo. Resultó que había estado invirtiendo un promedio de 185 minutos por día en tareas *necesarias* pero no *productivas*. Hallar una solución para reducir el tiempo que estaba dedicando a estas tareas se convirtió en el foco de su consejería, y en la razón principal de que sus ventas llegaran luego a triplicarse. Es posible que usted también deba comenzar por ahí.

La meta en cuanto a las tareas necesarias es invertir en ellas tiempo de alta calidad, pero no una gran cantidad de tiempo. Debemos subrayar las principales actividades que entran en esta categoría y estudiar brevemente los límites que debemos construirles.

TAREA NECESARIA #1: PAPELEO

[Inversión total de tiempo:
30 minutos cada 2 horas o un total de 2 horas diarias]

Este es un importante «chupatiempo», a menos que los límites se hayan establecido, pues comprende demasiadas faenas diferentes: llenar formularios, enviar documentos por fax, copiarlos, archivarlos, etcétera. Se trata del área más común de empantanamiento entre los vendedores.

El hecho es que todos tenemos rimeros de papeles que son necesarios para concretar ventas. Si bien ésta nunca será la mejor utilización de su tiempo, hay varias maneras en las que usted puede reducir el tiempo que dedica al papeleo. Recuerde que el objetivo de la Fase de Admisión es regular las tareas necesarias de tal manera que pueda evaluarlas y modificarlas en una forma altamente eficiente.

La mejor manera de lograrlo es delegar el papeleo necesario a un ayudante o miembro del equipo. En el próximo capítulo analizaré esta solución, ya que requiere más explicación que el espacio de que disponemos aquí. Por ahora, supongamos que un ayudante, o un equipo, no aparecen aún contemplados en su operación. Si ése fuera el caso, continúe aplicando los consejos de este libro y en poco tiempo tendrá un equipo que le ayude. La siguiente manera más efectiva de regular el tiempo que se dedica al papeleo es bloquear segmentos específicos de cada día para consagrarlos sólo a estas tareas y, de esta manera, usted nunca añadirá lastre a su impulso para tareas más productivas.

Hora	Lunes	Martes	Miércoles	Jueves	Viernes
9:00	Tareas	Tareas	Tareas	Tareas	Tareas
9:30	Papeleo	Papeleo	Papeleo	Papeleo	Papeleo
10:00	Tareas	Tareas	Tareas	Tareas	Tareas
10:30	Tareas	Tareas	Tareas	Tareas	Tareas
11:00	Tareas	Tareas	Tareas	Tareas	Tareas
11:30	Papeleo	Papeleo	Papeleo	Papeleo	Papeleo
12:00	Tareas	Tareas	Tareas	Tareas	Tareas
12:30	Tareas	Tareas	Tareas	Tareas	Tareas
1:00	Tareas	Tareas	Tareas	Tareas	Tareas
1:30	Papeleo	Papeleo	Papeleo	Papeleo	Papeleo
2:00	Tareas	Tareas	Tareas	Tareas	Tareas
2:30	Tareas	Tareas	Tareas	Tareas	Tareas
3:00	Tareas	Tareas	Tareas	Tareas	Tareas
3:30	Papeleo	Papeleo	Papeleo	Papeleo	Papeleo
4:00	Tareas	Tareas	Tareas	Tareas	Tareas
4:30	Tareas	Tareas	Tareas	Tareas	Tareas
5:00					

Un dique para sus papeles

Una buena manera de comenzar es bloqueando 30 minutos cada 2 horas. Durante este tiempo —y sólo entonces— termine todo el papeleo necesario que se ha acumulado en la hora y media anterior. Bloqueando su tiempo de esta forma, su calendario semanal se verá como el gráfico en la página contigua (por ahora diremos que el resto de su tiempo laboral está cubierto por «tareas»). Como es obvio, mientras menos tiempo invierta usted en papeles, más podrá liberar para invertirlo en tareas productivas. Por tanto, si determina que no necesita tanto tiempo cada día, redúzcalo convenientemente. Conozco vendedores que bloquean sus 30 minutos antes de salir a almorzar, y los otros 30 antes de marcharse a casa, para dedicarlos a esta actividad. Parecen ser períodos especialmente productivos, ya que comer e irse a casa son fuertes incentivos para hacer el trabajo de manera eficiente. Cualquier decisión que tome, asegúrese de bloquear estratégicamente su tiempo para los papeles, de modo que no tenga demasiada papelería por terminar. Una forma de asegurar que esto no suceda es establecer un sistema sencillo de archivo que le ayude a separar lo que debe ser hecho de inmediato de lo que puede esperar. Yo utilizo un sistema que llamo Nifty Fifty y puede establecerse así:[8]

1. Escoja 50 carpetas colgantes

2. Divídalas de la siguiente forma:

3. Tome cuatro carpetas violetas y póngales las etiquetas «Familia», «Forma física», «Finanzas» y «Entretenimiento». (No vamos a discutirlas aquí, pero a ellas se enviarán todas sus ideas relacionadas con estas categorías. Se revisan anualmente y van al sistema que se describe a continuación).

4. Tome 31 carpetas verdes, póngales etiquetas y numérelas del 1 al 31, según los días del mes.

5. Tome 12 carpetas amarillas y póngales etiquetas con los nombres de los meses de enero a diciembre.

6. Tome 2 carpetas azules y pégueles etiquetas identificadas con el presente año y el próximo, seguidos por la palabra *Planeamiento*.

7. Tome una carpeta roja y póngale una etiqueta con las palabras *Mejoras y Sondeos*.

He aquí cómo funciona: cuando usted tiene una próxima tarea relacionada con papeles, pone las hojas necesarias en la correspondiente carpeta mensual según la fecha en que deberá tenerla lista. El último día laborable del mes, saque la carpeta correspondiente al mes siguiente y distribuya los papeles en las carpetas correspondientes a los 31 (30) días. Al iniciar su tiempo diario bloqueado para encargarse de los papeles, saque la carpeta diaria correspondiente y termine de llenar los papeles allí archivados. Deberá evacuar todos los días las carpetas diarias.

Una vez que el sistema está establecido, fluye sin dificultad y le facilita el control de todos sus papeles con esfuerzo mínimo. (Si ya tiene un ayudante, haga que dicha persona utilice el mismo sistema de archivo. Entonces podrá delegar en sus carpetas, y liberar aún más tiempo. Si viaja, lleve consigo las carpetas correspondientes a los días que estará fuera, así como las del mes siguiente. Si ha programado unas vacaciones, no archive nada en las carpetas del último día de trabajo).

TAREA NECESARIA #2
PLANEAMIENTO Y DETERMINACIÓN DE METAS

**[Inversión total de tiempo:
8-24 horas anuales; 15 minutos a la semana]**

Una vez al año dedique uno o dos días a planeamiento. Hágalo durante un período en el que no esté distraído por planes sociales u obligaciones profesionales. Yo lo dejo para el período entre Navidad y Año Nuevo, pero si diciembre está todavía lejos mientras usted lee esto, prográmelo para antes.

Durante este tiempo usted no sólo revisará sus progresos (o falta de ellos) en el año que está por terminar, sino que también fijará metas para el año entrante en su negocio y en su vida, y luego determinará específicamente como las cumplirá, asentando en el papel los pasos específicos diarios, semanales o mensuales. Archive estos papeles en una carpeta azul con la etiqueta correspondiente al año que corre y la palabra *Planeamiento*, y revíselo cada lunes por la mañana antes de empezar a trabajar. Si tiene ideas de planes para el año próximo, póngalas en la carpeta azul correspondiente a ese año. Puede hacerlo en casa o al llegar a la oficina. Estas previsiones del lunes por la mañana no deben tomarle más de 15 minutos, ya que sus planes deben ser lo bastante concisos como para plasmarlos en una o dos páginas.

Los lunes no son momento para evaluaciones; sólo para adelantar metas y valores personales y profesionales al primer plano de su mente comenzando la semana. He aquí unos cuantos: ¿Qué cosas nuevas necesito aprender? ¿Qué clientes necesito desarrollar?

¿Cuántas llamadas de prospección necesitan hacerse? Si usted se aísla durante sus sesiones anuales de planeamiento y tiene cuidado de fijar metas realistas y centradas en sus valores, no tendrá que invertir tiempo en corregir su plan a lo largo del año.

TAREA NECESARIA #3: SONDEOS A LOS CLIENTES

[Inversión total de tiempo:
Cinco minutos por transacción de venta para realizar el sondeo]

No deje que esto se acumule. Diseñe o haga diseñar un sondeo estratégico que recabe la información que usted desea de sus clientes, y luego pida su retroalimentación *antes* de cerrar la venta, a fin de que los errores puedan ser rápidamente identificados y enmendados. Uno de nuestros restaurantes favoritos lo hace entre el momento en que usted termina su plato fuerte y el de servir el postre y el café.

EJEMPLO DE UN SONDEO

Una retroalimentación franca y crítica de su parte es la mejor manera que tenemos de estar en sintonía con sus necesidades. Es valioso conocer qué tal nos desempeñamos después de satisfacer su pedido, pero como equipo consideramos más importante saber cómo nos estamos desempeñando ahora. Si no cumplimos, deseamos corregir nuestros esfuerzos ahora, para que usted disfrute de aquí en adelante de una experiencia satisfactoria. Si cumplimos, deseamos mantener el rumbo.

Por favor, dedique unos minutos a responder siete preguntas muy breves en una escala del 1 (Malo) al 5 (Excelente)

¿Hicimos un buen trabajo en determinar las soluciones de productos correctas para sus necesidades específicas?

1   2   3   4   5

¿Hemos respondido con prontitud a sus llamadas?

1   2   3   4   5

¿Hemos respondido satisfactoriamente a sus preguntas?

1   2   3   4   5

¿Le hemos mantenido informado sobre la situación de su pedido?

1   2   3   4   5

¿Ha encontrado en nuestro equipo a alguien cortés y profesional?

1   2   3   4   5

¿Está complacido con el servicio que ofrecen otros departamentos nuestros?

1   2   3   4   5

¿Podría hacer alguna sugerencia para servirle mejor?

_____

_____

Gracias por dedicar su tiempo a ayudarnos ¡Le apreciamos!

Lo último que usted necesita como vendedor es un cliente que le pague pero esté disgustado por el servicio que ha recibido. Es por eso que los sondeos son una tarea *necesaria*. No obstante, no es aún el uso más productivo que puede hacer de su tiempo, así que instrumente una encuesta que sea rápida y directa. Una vez terminadas, mantenga sus encuestas en la carpeta roja correspondiente al año que corre con las palabras *Mejoras y Sondeos*. Debe guardarlos y tenerlos a mano porque ofrecen un material valioso para evaluar su progreso durante su tiempo de observación y evaluación. Lo cual constituye la próxima tarea *necesaria*.

TAREA NECESARIA #4:
OBSERVAR Y EVALUAR

[Tiempo total invertido:
5 minutos cada 60 de la jornada laboral en el primer mes; luego, ya alcanzada una alta productividad, dedíquele una hora mensual]

Al principio de mi carrera, un vendedor de una firma nacional aseguradora me dijo que él dedicaba cinco minutos de cada 60 a evaluar su productividad. Dedicar a esto cuarenta minutos del día para asegurar en las otras siete horas y 20 minutos que transcurren bien es una buena idea. Le recomiendo que siga este modelo en su primer mes o hasta que crea tener un impulso sostenido. Luego dedique una hora del último día de cada mes a observar y evaluar su progreso en cuanto a las metas que fijó en su sesión de planeamiento. Como he dicho antes, también puede ayudarse aquí con sus sondeos a los clientes: éstos le ayudarán muchas veces a identificar algunas tendencias en sus esfuerzos de venta y le mostrarán cómo mejorar. Registre sus observaciones y las mejoras necesarias en una hoja de papel y archívelas cada mes en la carpeta roja identificada con el año que corre y las palabras Mejoras y Sondeos. Si sus mejoras cambian sus metas para el año, también debe pasar estos papeles a la carpeta de Planeamiento que revisa cada lunes por la mañana.

TAREA NECESARIA #5:
COMUNICACIÓN

[Tiempo total invertido:
30 minutos cada dos horas o un total de dos horas diarias]

La última tarea *necesaria* que escamotea una parte importante de nuestro tiempo para vender es la comunicación. Incluye dos tareas: correos electrónicos y diálogos telefónicos con los clientes. Cuando estudiamos en el capítulo anterior la Trampa de la Organización, mencioné la necesidad de establecer barreras para eliminar la comunicación *innecesaria*: correos electrónicos y llamadas telefónicas personales, así como el ofrecer a los clientes su información de contacto personal. Ahora estamos hablando específicamente de la comunicación que su negocio requiere para triunfar. Aunque estas tareas son *necesarias* en el sentido de que sin ellas no podrá cerrar ventas ni mantener un alto nivel de servicio al cliente, necesita no obstante barreras que debe construir para que no se acumulen y abran una brecha en su dique. Estas barreras se crean bloqueando estratégicamente períodos de tiempo para dedicarlos a dichas tareas.

Cómo represar su comunicación

La mayor parte de los vendedores revisan el correo electrónico y el de voz cada vez que regresan a sus áreas de trabajo. Si no hay mensajes, esto resulta una verdadera pérdida de tiempo. Si los hay y requieren tomar acción, sólo agudiza el estrés diario, especialmente cuando usted se siente tentado a responder al mensaje o llevar a cabo inmediatamente las tareas requeridas. El vendedor promedio, atrapado en este ciclo, desperdicia aproximadamente dos horas diarias tratando cada mensaje como una urgencia que exige atención inmediata. Una profesional a quien estuve asesorando pasaba antes de establecer sus barreras 25 horas a la semana escuchando y contestando llamadas y correos electrónicos. Una vez que las creó, su negocio creció casi en 200 por ciento, gracias a que disponía de mucho más tiempo para producir.

El hecho es que la mayoría de los mensajes de voz y correos electrónicos pueden esperar, especialmente cuando usted hace saber a los demás sus planes explícitos de contestar sus comunicaciones. Así que en lugar de revisar constantemente los mensajes durante el día y responderlos de manera inmediata y esporádica, deslinde entre dos y cuatro períodos de tiempo específicos para revisarlos y contestarlos. Indique asimismo con un saludo en su correo de voz y con un correo electrónico de respuesta automática, que lo hará.[9] Esto reafirmará a los clientes que usted los llamará en breve y le ayudará a usted a no sentirse impulsado a contestar el teléfono.

Como es obvio, mientras menos tiempo dedique usted a la comunicación, mejor, pero es importante que nunca aparente andar apresurado. En lo referente a los correos electrónicos, esto es más fácil de evitar. Cuando se trata de hablar con los clientes es correcto ir al grano, pero no defienda su tiempo hasta el punto de parecer impersonal o rudo. Recuerde que su meta primaria en toda comunicación es fomentar la confianza de sus clientes. La mejor manera de lograr esto sin parecer apresurado es no olvidar mencionar cuánto valora usted el tiempo de ellos cuando es usted quien llama.

Haga saber a sus clientes que desea ser sensible a sus horarios, y generalmente le permitirán proseguir. Pero no olvide que cualquier tiempo invertido en comunicarse con un cliente es una oportunidad de cultivar la relación y por tanto debe ser regulado con un límite flexible que le permita a usted, de ser necesario, dedicarle más tiempo del que se ha programado si cree con ello puede abonar la relación. No me refiero a charlas insignificantes. Hablo de momentos en su conversación en los que usted detecta una oportunidad de conectarse a un nivel más profundo con su cliente. Estos momentos son importantes para la longevidad de sus relaciones, así que no les cierre las puertas.

Mi consejo es que empiece imponiendo límites modestos a las tareas *necesarias* de comunicación, y que las ajuste a medida que se vaya sintiéndose más cómodo. Generalmente recomiendo a los vendedores dedicar al principio los primeros 30 minutos de cada segunda hora revisando mensajes y respondiendo llamadas y correos electrónicos. Si aplicamos esto a nuestro horario renovado, su calendario semanal lucirá como éste:

Hora	Lunes	Martes	Miércoles	Jueves	Viernes
9:00	Comunicación	Comunicación	Comunicación	Comunicación	Comunicación
9:30	Papeleo	Papeleo	Papeleo	Papeleo	Papeleo
10:00	Tareas	Tareas	Tareas	Tareas	Tareas
10:30	Tareas	Tareas	Tareas	Tareas	Tareas
11:00	Comunicación	Comunicación	Comunicación	Comunicación	Comunicación
11:30	Papeleo	Papeleo	Papeleo	Papeleo	Papeleo
12:00	Tareas	Tareas	Tareas	Tareas	Tareas
12:30	Tareas	Tareas	Tareas	Tareas	Tareas
1:00	Comunicación	Comunicación	Comunicación	Comunicación	Comunicación
1:30	Papeleo	Papeleo	Papeleo	Papeleo	Papeleo
2:00	Tareas	Tareas	Tareas	Tareas	Tareas
2:30	Tareas	Tareas	Tareas	Tareas	Tareas
3:00	Comunicación	Comunicación	Comunicación	Comunicación	Comunicación
3:30	Papeleo	Papeleo	Papeleo	Papeleo	Papeleo
4:00	Tareas	Tareas	Tareas	Tareas	Tareas
4:30	Tareas	Tareas	Tareas	Tareas	Tareas
5:00					

(Conozco a algunos vendedores que revisan sus mensajes de voz por última vez en el trayecto de regreso a casa, pero no lo recomiendo, ya que esto crea una ansiedad innecesaria que afecta la calidad de su tiempo de descanso nocturno).

Claro que usted puede subir o bajar esta barrera basándose en la proporción en que su negocio opera a través del teléfono y el correo electrónico. Pero no me malinterprete. Regulando su tiempo de comunicación, usted incrementa el tiempo que puede dedicar a sus tareas más productivas.

TAREAS PRODUCTIVAS

En los próximos capítulos estudiaremos cómo incrementar su

eficiencia en las tareas de prospección y venta. Por ahora, sólo necesita entender que no es necesario regular las tareas *productivas* (tareas de luz verde). Es en ellas donde usted debe invertir tanto tiempo como sea posible. En otras palabras, es a estas tareas a las que siempre debe decir que sí. Pero eso sólo sucederá cuando diga que no a las tareas *innecesarias*, como pueden ser las llamadas y correos electrónicos personales, y cuando establezca regulaciones estratégicas a las tareas *necesarias*, tales como revisar y responder mensajes.

Si usted se guía por el horario que le hemos mostrado, su día contaría cuatro horas dedicadas a prospección y ventas (suponiendo que trabaje ocho horas diarias). Si usted cae en el promedio nacional de la actividad de ventas—90 minutos productivos cada ocho horas—eso quiere decir que sólo con aplicar las barreras que le hemos presentado será capaz de incrementar en un 167 por ciento, su tiempo productivo. Lo cual no es un mal comienzo.

Pero puede mejorar mucho más.

Servir a los clientes significa atender sus pedidos, ser una especie de genio de la lámpara. Implica asumir tareas a fin de ganar confianza y cerrar ventas. Y requiere una gran inversión de tiempo. Pero la mayoría de los vendedores se atascan porque simplemente no saben decir que no. O para ser más exactos, dicen que sí con demasiada frecuencia. Esto crea un flujo constante de deseos, necesidades y obligaciones que harán crecer su río de responsabilidades y lo acelerarán.

Algunas de estas tareas son una pérdida de tiempo y se deben evitar. Otras son necesarias si usted quiere mantener un alto nivel de servicio al cliente. La mejor manera de tomar control de su corriente rápida de responsabilidades necesarias es establecer más barreras a su tiempo o, hablando metafóricamente, aumentar la altura de su dique. Esto incluye regular el tiempo que invierte en:

1. papeles;

2. planeamiento y establecimientos de metas;

3. sondeos a los clientes;

4. observar y evaluar su productividad; y

5. comunicarse con los clientes

Esta es la segunda fase del control de tareas, a la cual definiremos cómo represar su Admisión de tareas necesarias.

Capítulo Cinco

La trampa del control

Perder el tiempo acaparando tareas

El amo lleva carga pesada... Sméagol sabe. Sméagol llevó carga pesada muchos años.

—Gollum, de la trilogía El Señor de los Anillos

Que un hombre resienta la carga del poder o lo disfrute; que se sienta atrapado por las responsabilidades o liberado por ellas; que sea movido por otras personas y fuerzas externas o que las mueva: esa es la esencia del liderazgo.

—Theodore White

El hombre que es director de media docena de ferrocarriles y tres o cuatro manufacturas, o que trata a la misma vez de operar una granja, una fábrica, una línea de tranvías, un partido político y una tienda, rara vez llega a ser alguien.

—Andrew Carnegie

Hace unos años, yo era el presidente, el representante de ventas, el contador, el representante de mercadeo, el escritor y el orador del Grupo Duncan. Tenía mis manos metidas en todo, y la compañía crecía a un ritmo de un 2.5 por ciento anual. Para ser franco, el éxito de la empresa apenas valía la pena mencionarlo, pero yo me sentía en control.

Entonces un día me encontré con mi amigo John, escritor y orador de gran éxito, con dos éxitos de librería del *New York*

Times y tres prósperas compañías a su haber. Cuatro años antes, él había dejado una floreciente carrera para dedicarse únicamente a hablar en público y escribir. Como yo había hecho lo mismo, quería que me diera su visión. ¿Cómo le había ido tan bien? ¿Cuáles eran sus secretos? ¿Cómo se las había arreglado para llevar una compañía que había comenzado en el garaje de un amigo y convertirla en dos compañías multimillonarias y una exitosa fundación? Y más importante aún, ¿qué estaba haciendo yo mal?

John no perdió tiempo. Inmediatamente me dijo que yo me estaba haciendo daño al tratar de hacerlo todo solo. De ese modo estaba sofocando mi éxito. En cada día, me recordó, sólo había un número de horas, y en ese tiempo sólo podía hacer una cantidad de cosas. Por lo tanto mientras más tareas yo controlara, más bajo sería el techo de mi potencial. Me sugirió que la única manera de hacer crecer mi negocio era elevar ese techo, o, en otras palabras, quitar de mis espaldas algunas responsabilidades.

No me gustaba admitirlo pero yo era, si bien de buena fe, un maníaco del control. Esta era la razón principal de que mi negocio no estuviera creciendo como yo quería, en la forma que había crecido el de John. Yo estaba tratando de ampliar un negocio basado en las ventas con dos manos y una mente, y simplemente no bastaba. Era mi culpa haber creído en algunos conceptos erróneos comunes que, en esencia, debilitaban mi potencial:

♦ Sí quiero que se haga bien, tengo que hacerlo yo.

♦ Nadie trabajará para mí más que yo mismo.

♦ No puedo esperar que ninguna otra persona asuma la responsabilidad de mi negocio.

♦ Soy el único a quien puedo confiar verdaderamente mi modo de vida.

Mi historia es bastante común: lo que comienza como el acto ambicioso de asumir todo el control suele terminar como una inesperada (y a veces soslayada) carga que nos aplasta, una tapa que nos impide llegar más alto en nuestras aspiraciones y realizar nuestro potencial. Es un error frecuente en la profesión de vendedor, porque en la masa laboral los vendedores son la máxima expresión de los principiantes solitarios ¿Es que no somos nosotros quienes tenemos que calzarnos las botas, tomar control de nuestro futuro, y hacer de este trabajo «nuestro bebé»? Sí, lo somos, pero no *podemos* llevar las cosas demasiado lejos. Y cuando lo hacemos, terminamos atrapados por las mismas cosas que intentamos controlar.

APRETAR DEMASIADO FUERTE

En la feliz comarca del Shire, había una vez un próspero hobbit llamado Sméagol. Si usted ha visto las dos primeras partes de la trilogía *El Señor de los Anillos*, probablemente esté más familiarizado con su alter ego esquelético de ojos de insecto, Gollum. Pero la adaptación de Peter Jackson de la última parte, *El Regreso del Rey*, nos regresa al comienzo de la historia, que nos explica muchas cosas, particularmente la existencia al parecer maldita de Gollum.

La película comienza con el joven Sméagol y su primo Déagol sentados en un pequeño bote de madera en medio del río Anduin, rodeados por el espléndido paisaje verde del Shire. De pronto el rostro de Déagol se ilumina.

«¡Sméagol! ¡Lo tengo! ¡Pesqué uno, Sméag!»

Los dos sonríen, y Sméagol observa jubiloso como su primo se esfuerza para subir su captura a bordo. Mientras Déagol continúa luchando con su caña arqueada, el pez da un fuerte tirón, echándole al agua. Sméagol se queda mirando ansioso el sombrero de su primo que ondula en la superficie. Bajo el agua un gran pez tira a lo largo del río de Déagol, que lleva los ojos cerrados y las mejillas llenas de aire. Por último, suelta la caña y abre los ojos a tiempo para captar el leve ondular de algo en el fondo del río. Antes de nadar hacia la superficie, cierra el puño sobre la arena. Luego de emerger y mientras se acerca a la orilla, Déagol echa una mirada al agua tras de sí, y entonces, recordando, abre su mano fangosa y observa su descubrimiento: un reluciente anillo de oro. Al fondo, avecillas nerviosas huyen de sus árboles mientras Sméagol corre hacia su primo. «¡Déagol! ¡Deagol!», grita Sméagol mientras se aproxima desde atrás y distingue por sobre el hombro de su primo el resplandeciente anillo. «Dame eso, Déagol, querido». Déagol cierra el puño y se vuelve mirando a Sméagol. «¿Por qué?» «Porque es mi cumpleaños, y lo quiero». La sonrisa de Sméagol se desvanece lentamente, e intenta arrebatarle el anillo. Déagol esquiva sus embestidas mientras los dos ríen nerviosamente y empiezan a caminar en círculos uno alrededor del otro. Sméagol hace otro intento, pero ya no parece jugar. Pronto se encuentran los dos en una feroz escaramuza. Sméagol muerde el brazo de Déagol y el anillo cae, pero con un esfuerzo final Déagol lo recupera mientras aprieta con sus dedos el cuello de su primo. Sméagol deja escapar un grito y en su interior, algo estalla. Su rostro palidece y se muestra obstinado. Lentamente, sin emociones, estira la mano y estrangula con sus diez dedos a Déagol, apretando con fuerza su cuello. Es sólo una breve disputa. Al final Sméagol se sube al cuerpo sin vida de Déagol y toma el anillo de su puño inerte. Se lo acerca a la cara y, al deslizarlo en su dedo, susurra con voz gutural, «¡Precioso mío!»[1]

RENUNCIAR

Hay cosas que, si no renunciamos a ellas, empiezan a controlarnos, o lo que es peor, a consumir nuestro tiempo. Mientras más intentamos controlarlas, más nos enredan, y al final nos hacen caer. Si la escena hubiese terminado ahí, podríamos suponer que Sméagol era sólo un vulgar ladrón y matón, y el anillo, un simple objeto valioso. Pero el anillo encierra otros poderes, y guarda otras sorpresas para quien lo sostiene firmemente. Si usted ha visto esta trilogía, debe saber que el aro que Sméagol reclamó para sí acabó controlándole y destruyendo al final su vida. Este es el eventual destino de cualquier maníaco controlador.

Existen cuatro razones básicas por las cuales mantenemos el control aun cuando va en detrimento de nuestro éxito:

1. Ego—Nadie puede hacerlo mejor que yo.

2. Inseguridad—Si alguien lo hace mejor que yo, quedaré mal.

3. Ingenuidad—Me va bien solo; no necesitó a nadie más.

4. Temperamento—Trabajar con otros es demasiado complicado.

En el campo de las ventas, puedo entender que su negocio sea su bebé. Uno desea controlar firmemente su dirección y los aspectos que dictarán su destino. Pero para poder realizar su potencial, no podemos apretar demasiado fuerte.

Existen límites al valor del control. Límites que, si se rebasan, pueden infligir más daño que gozo.

En el curso de su carrera, hay cosas que usted debe controlar y otras que no. Ciertas cosas puede convertirlas en su bebé—su Precioso—y hay otras a las que debe renunciar si desea trascender el techo del vendedor promedio. Ahí está la trampa. Si desea despegar debe tomar control de su negocio de ventas y asumir la responsabilidad de su dirección; pero si concentra demasiado control, frustrará su potencial y matará su impulso.

HORA DE CONCENTRARSE

En cualquier actividad el éxito es resultado de un tiempo de concentración. Rocky se fue a entrenar a las montañas de Siberia para su pelea con Iván Drago. Alejandro Murrieta se aísla en una cueva con su mentor para aprender las mañas del Zorro. Rannulph Junnu aprende a «ver el terreno» y recupera su swing al bate. Y Billy Chapel «cierra el mecanismo» y lanza un juego de béisbol sin pegarle a la bola y sin carreras. Para llegar a ser grande en cualquier actividad es preciso aprender a concentrar el tiempo en las cosas más importantes: mientras más tiempo se concentre usted en una actividad, más eficiente y productivo podrá ser en ella. Si estudia cualquier personaje ilustre de la historia, podrá decirme si tengo razón o no.

En cualquier actividad el éxito es resultado de un tiempo de concentración.

Lo cual cobra aún más sentido cuando uno comprende que en el tiempo hay un valor magnificador. Cuando se asignan múltiples depósitos de tiempo a las mismas tareas, éstos pueden surtir un gran efecto. Usted experimenta esta verdad cuando le dedica una hora al gimnasio cada día durante varios meses. Con el tiempo, sus patrones de sueño mejorarán, su cuerpo le pedirá nutrición de mejor calidad, se verá mejor físicamente y se sentirá mejor emocionalmente. Invierta depósitos regulares de tiempo en un cliente y cosechará todo el valor de la relación cuando él vuelva siempre a usted con sus pedidos, y le refiera nuevos prospectos que de otro modo no habría conseguido.

En el otro extremo, hay muy poco valor en hacer depósitos esporádicos de tiempo. Cuando uno no ha hecho ejercicios en varias semanas, no le servirá de mucho pasarse tres horas en el gimnasio el primer día. Con eso no compensará el tiempo perdido. Uno no puede mejorar su forma física haciendo ejercicios una vez cada tres meses. Depósitos aislados de tiempo aquí y allá tienen muy poco valor. Es por eso que es tan improductivo encargarse de múltiples tareas. Si usted sólo tiene tiempo para cubrir las necesidades de sus clientes arbitrariamente según se presentan, nunca cosechará todo el valor del negocio de ellos. Es un enfoque inconsistente y reactivo a la administración de tareas, y se requiere más que ello si desea salir del pantano y mantener un alto nivel de éxito.

El Renacimiento es historia

Hasta Leonardo da Vinci es un testimonio de lo anterior. He leído mucho acerca de este modelo del Hombre del Renacimiento, y es cierto que brillaba en muchas cosas. Tenía muchas aficiones. Sus amigos decían que tenía voz de ángel, y también era un soberbio atleta, un matemático brillante y un científico consumado. Pero a pesar de sus muchos talentos, ¿por cuál de sus logros se le conoce hoy? Sólo por uno. Y fue justamente en su arte donde concentró una parte considerable de su tiempo. Comprendió que la grandeza es una función del tiempo concentrado.

Para realizar su potencial como vendedor, usted debe habituarse a concentrar su tiempo únicamente en las contadas tareas que le reportan el mayor retorno en su negocio, y renunciar al resto. En su caso eso quiere decir dos cosas:

♦ *Fomentar la confianza de los prospectos idóneos*

♦ *Agregar valor a los clientes existentes*

Y esto exige que ceda parte de su control sobre otras responsabilidades importantes (incluso productivas). No necesariamente será fácil, pero es inevitable, si desea escalar a nuevas alturas en su negocio.

CÓMO EMPRENDER ACCIONES CONCENTRADAS

En los dos últimos capítulos discutimos cómo represar la Acumulación de tareas *innecesarias* para que nunca desagüen en su río de responsabilidades. Esencialmente ésta es la capacidad de administrar las interrupciones: eliminar la posibilidad de interrupciones innecesarias. Luego estudiamos cómo regular la Admisión de tareas *necesarias* aunque no productivas en su horario cotidiano. En este caso se trata de la habilidad de priorizar: maximizar su tiempo en las prioridades más altas y minimizarlo en las más bajas. Éstas son las dos habilidades principales que usted debe aprender y desarrollar a fin de despejar su tiempo para las tareas más productivas. Ellas represarán su río de responsabilidades y mantendrán la corriente de tareas relativamente manejables. Pero el río puede aún descontrolarse si usted no sabe cómo concentrar el tiempo que ha liberado en lo que es más importante.

Fase 3: Acción

Una vez que usted ha establecido límites que le permiten (1) represar la Acumulación de tareas *innecesarias* y (2) regular la Admisión de tareas *necesarias* a su horario, usted debe (3) actuar sobre sus tareas más *productivas*. En esto radica para muchos vendedores el problema.

Aun si ha construido un sólido dique que impide el ingreso de tareas innecesarias e improductivas a su río, todavía corre riesgo de inundarse por la cantidad de tareas *productivas* de las que se sigue haciendo cargo.

Con el horario que hemos ido creando ha represado lo bastante su río como para garantizar que podrá dedicar cuatro horas diarias a concentrarse en las principales tareas productivas. Veámoslo de nuevo.

El problema estriba en el hecho de que cumplir con sus dos tareas principales (prospección y venta) incluye más que hacer llamadas telefónicas y estrechar manos. Si se limitara a eso, todos seríamos millonarios. Fomentar la confianza de los prospectos idóneos y agregar valor a los clientes en la forma adecuada incluye muchos pasos, más de los que usted puede manejar en solitario.

Hora	Lunes	Martes	Miércoles	Jueves	Viernes
9:00	Comunicación	Comunicación	Comunicación	Comunicación	Comunicación
9:30	Papeleo	Papeleo	Papeleo	Papeleo	Papeleo
10:00	Tareas claves	Tareas claves	Tareas claves	Tareas claves	Tareas claves
10:30	Tareas claves	Tareas claves	Tareas claves	Tareas claves	Tareas claves
11:00	Comunicación	Comunicación	Comunicación	Comunicación	Comunicación
11:30	Papeleo	Papeleo	Papeleo	Papeleo	Papeleo
12:00	Tareas claves	Tareas claves	Tareas claves	Tareas claves	Tareas claves
12:30	Tareas claves	Tareas claves	Tareas claves	Tareas claves	Tareas claves
1:00	Comunicación	Comunicación	Comunicación	Comunicación	Comunicación
1:30	Papeleo	Papeleo	Papeleo	Papeleo	Papeleo
2:00	Tareas claves	Tareas claves	Tareas claves	Tareas claves	Tareas claves
2:30	Tareas claves	Tareas claves	Tareas claves	Tareas claves	Tareas claves
3:00	Comunicación	Comunicación	Comunicación	Comunicación	Comunicación
3:30	Papeleo	Papeleo	Papeleo	Papeleo	Papeleo
4:00	Tareas claves	Tareas claves	Tareas claves	Tareas claves	Tareas claves
4:30	Tareas claves	Tareas claves	Tareas claves	Tareas claves	Tareas claves
5:00					

En mi más reciente libro, *Killing the Sale* (Matando la venta) presenté un diagrama con los pasos claves para cerrar una venta. Lo quiero compartir aquí con usted porque nos sirve como un recordatorio de cuántas cosas están involucradas en la realización efectiva de una venta.

Cuando uno lo ve así, es fácil notar que aun si usted ha despejado tiempo para las tareas *productivas*, todavía no ha eliminado la posibilidad de atascarse. Tal vez su dique está regulando las tareas que no deben ocupar su tiempo, pero si no puede utilizar adecuadamente el que le queda, no habrá avanzado mucho. El agua retornará y eventualmente desbordará la represa, dejándole tan inundado como antes.

Para aprovechar bien su tiempo productivo necesita construir aun otro nivel sobre su dique. Este debe contar con un aliviadero que permita que *algunas* tareas productivas pasen a través de la cortina, pero no *todas*.

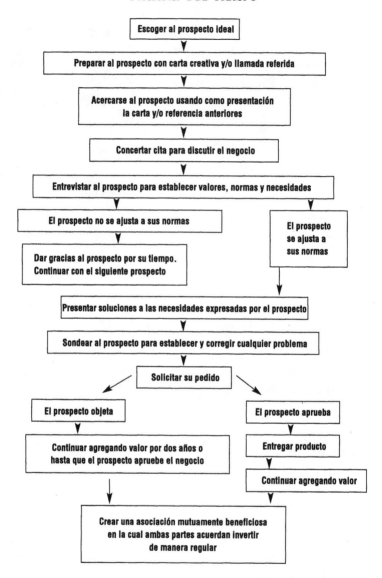

DELEGAR Y PROYECTAR SU NEGOCIO

Cuando se es un buen vendedor, las ventas pueden llegarnos en aguacero. Y cuando eso suceda, usted volverá a sofocarse y buscar aire una vez más si pretende manejarlo todo por sí mismo.

Claro que, si solamente multiplicara los pasos del diagrama anterior por tres clientes, probablemente sería capaz de manejar todas las tareas por sí mismo, y así ocurre cuando estamos empezando. Estamos en control y todavía no nos sentimos abrumados. Pero cuando uno empieza a hacer crecer su negocio, las reglas cambian rápidamente; pronto se siente anegado en más tareas de las que tiene tiempo de atender en un día. Para que esto suceda tampoco necesita ser un negocio enorme. Por ejemplo, en la mayoría de las industrias de venta, si usted multiplica los pasos anteriores por 10 clientes o por cien, fácilmente se convertirá en un maníaco empantanado del trabajo si se encarga de todo. Lo cierto es que uno es una cifra demasiado pequeña para lograr la excelencia en el campo de las ventas.[2] Usted no puede manejar solo su río de responsabilidades, especialmente cuando su negocio está empezando a crecer. Llegará a un punto (probablemente ya llegó) en el que no podrá ocuparse de todo el negocio que genera. Necesitará ayuda para enfrentarse al torrente descendente del éxito.

Cuando sostuve mi conversación con John, yo tenía entre cinco y siete empleados. Cada uno contaba con su título laboral, pero la descripción de su trabajo variaba con el viento, y consistía en las tareas que a mí no me importara que otros desempeñaran. Me reservaba las más importantes. La mayoría de las que realizaban mis empleados eran insignificantes y comprendían hacer las llamadas telefónicas que yo no quisiera hacer; o seguir rastros de papel que acabarían en mi escritorio bajo la forma de un informe o confirmación. Los teléfonos siempre estaban ocupados, y había papeles por doquier. Parecía más la redacción de un medio de prensa que una oficina corporativa. Pero después de escuchar el consejo franco de John, empecé inmediatamente a introducir cambios que liberaron mi tiempo para concentrarme en mi tarea principal: hablar en público. Actualmente el crecimiento anual de mi compañía (46 por ciento) es casi 20 veces mayor que entonces.

Los siguientes pasos están basados en el consejo que mi amigo me diera, y son las claves para concentrar su tiempo y talentos en la tarea, o par de tareas, que reportan los mayores retornos a su negocio. No sólo estos pasos multiplicarán su potencial de éxito, también le facilitarán el obtener más, trabajando menos. Para construir el tercer y último nivel de su dique, debe hacer lo siguiente:

1. *Responder la pregunta del 100 por ciento*. Si bien hasta ahora nos las hemos arreglado para liberar cuatro horas de su día a fin de dedicarlas a la prospección y la venta, su meta debe ser pasar el día entero, todas sus horas de trabajo, en sus dos fundamentales tareas productivas. Esta es la esencia de la pregunta del 100 por ciento. Por supuesto, habrá otras actividades productivas que podrán atravesar su dique, y en unos instantes veremos cómo manejarlas. Por ahora necesita determinar cómo podría invertir mejor su tiempo si existe la oportunidad. Pregúntese cómo se vería su negocio si usted pasara el 100 por ciento de sus horas de trabajo haciendo las dos cosas que generan los mayores retornos para su empresa ¿Cuánto dinero más podría hacer? ¿Cuánto menos estrés padecería? ¿Cuánto menos tendría que trabajar? ¿Cuánto mejor sería su vida fuera del trabajo?

Usted, claro, no podrá sostener este estándar de la noche a la mañana, pero visualizando sus resultados le será más fácil tomar las decisiones necesarias para llegar allí, de las cuales trataremos en el resto de este libro. Por ahora, para que pueda comprender el valor de esta pregunta, he aquí una instantánea de un vendedor que se esforzó para conseguir el estándar del 100 por ciento, cedió algún control, y conquistó la libertad que ofrece:

Su meta debe ser pasar el día entero, y todos los días en que trabaja, en sus dos tareas productivas principales.

	Antes	Después
Chuck:	70 horas semanales	40 horas semanales
	15 ventas mensuales	40 ventas mensuales
	2 semanas de vacaciones	10 semanas de vacaciones
	1 local, esfuerzo individual	3 locales, un equipo de 18

2. *Asumir una mentalidad de ejecutivo principal.* Cuando consideré este paso, yo era irónicamente el ejecutivo principal del Grupo Duncan. El problema es que no actuaba como tal. La mentalidad de un ejecutivo principal se define por contemplar su negocio de ventas como lo haría si fuera el dueño de una compañía, y determinar luego qué decisiones necesita tomar para crecer y asegurar la estabilidad futura. Un ejecutivo principal comprende que a fin de llevar un negocio de ventas al siguiente nivel y mantenerlo creciendo, debe invertir tiempo (y eventualmente dinero) en el terreno fértil de (1) las relaciones productivas con sus clientes, y (2) las relaciones empresariales productivas. Cuando usted ve su trabajo como una empresa que le ha contratado para dirigirla y hacerla crecer, algunas importantes variables se aclaran, concretamente, la necesidad de buenos ayudantes que le permitan concentrarse en lo más importante para usted.

3. *Delegue gradualmente.* Si vamos a ser francos, aun después de controlar sus interrupciones y con su productividad en ascenso, cuatro horas diarias apenas es tiempo suficiente para completar todas las tareas productivas que llegan a nuestras manos, especialmente cuando nos enfrentamos a un aguacero de ventas. Todo vendedor llega eventualmente a un punto en el cual acepta que debe hacer una de estas dos cosas:

1. trabajar más horas; o

2. permitir que decaigan las ventas y el servicio al cliente.

La mayoría nunca considera la tercera opción:

3. procurar ayuda de otros.

No le estoy diciendo que vaya inmediatamente a contratar un ayudante. Algunos de ustedes quizás no pueden darse aún ese lujo. Como se trata de *su* negocio (mentalidad de ejecutivo) las inversiones iniciales que haga y el nivel de riesgo dependen de usted. Sin embargo hay pasos graduales que pueden ayudarle a llegar a un nivel en que pueda contratar un ayudante y eventualmente un equipo. Y son indispensables si usted desea maximizar su tiempo y su potencial.

Eche un vistazo a estos cuatro pasos encaminados a delegar responsabilidades y determine en qué punto debe usted comenzar a compartir una parte de su carga de trabajo.

Paso 1: Contrátese a sí mismo. Usted ya lo ha hecho esencialmente al bloquear cuatro horas diarias para dedicarse a las tareas *necesarias* pero no productivas. Durante estas cuatro horas (o cualquier cantidad que haya decidido) deberá actuar como su propio ayudante. Para algunos, esto solamente ya podría hacer una gran diferencia en la medida de su éxito. Pero éste es sólo el principio, ya que cuatro horas al día es demasiado tiempo para dedicar a tareas que no afectan directamente lo más medular, especialmente si considera que dichas horas podrían ser aprovechadas en las tareas más productivas.

Paso 2: Utilice la ayuda que provee su compañía. Esto es algo que con mucha frecuencia se pasa por alto y se utiliza muy poco. Muchos vendedores son empleados por compañías que ya pagan a otras personas para que se ocupen de algunas de las tareas *necesarias* que usted está realizando. Antes de considerar lo que necesitaría para contratar a su propio ayudante, considere qué ayuda puede encontrar en su empresa. Es posible que se lleve una agradable sorpresa.

Le aconsejo especialmente que involucre en este asunto a su gerente. Solicítele una breve reunión para discutir sus nuevas metas de productividad, y lo que la compañía puede ofrecer en materia de ayuda. Aun si la suya no cuenta con asistentes permanentes, a su gerente le agradará saber que usted está dando pasos activos para concentrar su tiempo en el incremento de las ventas. Además, la conversación allanará el camino para su próximo paso.

Paso 3: Contrate a un ayudante a tiempo parcial. Usted dispone a diario de cuatro horas para trabajos que hay que hacer, pero que no representan la utilización más productiva de su tiempo. Si delegara estas tareas en un ayudante, sólo tendría que pagarle por trabajar 20 horas a la semana. En este punto se pone de relieve la importancia de tener una mentalidad de ejecutivo principal. Usted y otros podrían estar rechazando la idea de contratar a un ayudante pagándole de su bolsillo, o de tener que entrenarlo, pero si realmente le interesa destrabar su potencial, necesita hacer esta inversión, y debe verla como tal.

¿Se acuerda de Tim, al principio de este libro? ¿Tim, el que enviaba por fax rebanadas de su vida? Pues bien, éste fue el primer paso que dio para renunciar a algunas tareas necesarias, y la forma en que lo hizo fue muy efectiva.

Él se reunió con su gerente y le propuso un trato: durante seis meses le pagaría de su bolsillo a su ayudante a tiempo parcial, y si transcurrido ese período sus ventas se hubieran incrementado lo suficiente como para cubrir el costo del contrato, la compañía lo contrataría. El gerente estuvo de acuerdo, y ¿sabe qué? Al cabo de sólo tres meses, la diferencia en ventas de Tim ya estaba cubriendo el costo de su ayudante, que fue asumido por la empresa con la convicción de que hacía un aporte a la productividad de Tim quien, por cierto, actualmente trabaja con seis asistentes.

Cuando uno considera el retorno que un ayudante a tiempo parcial puede reportar en relación con la inversión, la decisión se presenta mucho más fácil de tomar. Por ejemplo, si usted contrata a un ayudante cuatro horas al día y (empezando modestamente) con una tarifa de 10 dólares la hora, gastaría en sus servicios 200 dólares semanales. Puede parecer mucho si usted sólo está ingresando 1000 dólares a la semana, pero considere el retorno. Usted dispondrá de otras cuatro horas al día para invertirlas en sus dos tareas productivas clave. Si con ese tiempo extra sólo cerrara una venta más a la semana, y obtuviera por cada venta 500 dólares en comisiones, habría aumentado sus ingresos en 300 dólares semanales o 1200 dólares mensuales. Es un incremento inmediato del 30 por ciento, y eso con sólo una venta más por semana.

Aun si por cada venta le pagaran menos, la fórmula también funcionaría. En términos generales, mientras más tiempo tenga usted para vender, más venderá. Si ahora considera el retorno sobre la inversión desde un punto de vista estrictamente temporal, podrá suponer que si actualmente invierte cuatro horas diarias en sus dos principales tareas productivas y gana, digamos, 100 dólares diarios en comisiones, con el asistente podrá duplicar su tiempo productivo a ocho horas diarias, y duplicar seguramente sus ingresos hasta 200 dólares diarios. Incluso si le pagara a su ayudante 40 dólares por día, usted estaría ganando 60 dólares más, lo que se traduce en un incremento del 60 por ciento en sus comisiones.

Claro que los resultados de sus ventas varían de un mes a otro en dependencia de algunos factores que escapan a su control, pero eso no anula el argumento de que contratar a un ayudante es un precio modesto a pagar, a cambio de duplicar el tiempo que podrá invertir en sus tareas productivas. Si realmente cree que no puede afrontar por ahora el costo, considere compartir ese ayudante a tiempo parcial con un colega que comparta sus valores. Esto reducirá el costo a la mitad y todavía liberará 10 horas más a la semana, que podrá dedicar a vender. Es un buen comienzo. Y cuando empiece a recibir los beneficios de inmediato, probablemente se preguntará por qué no lo había hecho antes.

Hay algo más que quiero que considere. Tiene que ver con el hecho de que la mayoría de nosotros probablemente trabajaríamos mucho menos si supiéramos que aún podríamos incrementar nuestro éxito y llevar una vida mejor.

Paso 4: *Comience a integrar un equipo.*
Cuando conocí a Harry, era como Sméagol: lo acaparaba todo. Tenía unos cuantos empleados que se limitaban a tomar mensajes y programar tareas, pero no contestaban llamadas ni realizaban ningún trabajo real; esa parte, según Harry, era *su* bebé. Más tarde, en uno de mis seminarios, quedó impactado por lo que describió como «el relámpago cegador de lo obvio».

Con un equipo, el límite es el cielo.

Mientras yo exponía al público las consecuencias negativas de ser un maniático del control, Harry comprendió que al querer abarcar todas las tareas importantes había estado limitando severamente su potencial como vendedor. Entraba a trabajar temprano, a las seis o las siete de la mañana, y trabajaba hasta las siete de la noche, dedicando además al menos la mitad del fin de semana para ponerse al día. En otras palabras, una montaña de horas. No tengo que decirle que este maniático del control actuaba de buena fe, como yo mismo lo había hecho.

Cuando Harry llegó a su casa ese día, inspirado por mi conferencia, se sentó y empezó a hacer la lista de lo que debía delegar. Entonces hizo que sus empleados le acompañaran durante su jornada para que aprendieran todos los aspectos de su trabajo. No mucho después, cada uno de ellos era capaz de manejar cuantas tareas se les presentaran, incluyendo las más productivas.

Actualmente, el equipo de cuatro personas de Harry dirige su show. Él pasa todos los minutos de su tiempo laboral fomentando la confianza de sus prospectos y agregando valor a los clientes ya existentes. Todo lo demás está bien atendido, y con esto casi ha reducido a la mitad sus horas de trabajo, mientras que puede tomar vacaciones sin estrés cada vez que quiera. Y si usted se lo estaba preguntando, sus ingresos se han incrementado en un 400 por ciento desde que decidió delegar responsabilidades. Harry ha aprendido que cuando se trabaja con un equipo, el límite es el cielo.

Cuando ya esté listo para iniciar este último paso de delegación de responsabilidades, he aquí las cuatro cosas que su equipo necesita para triunfar:

1. *Todo equipo necesita un propósito que le motive.* Si usted ha visto la película *The Rookie* (El Novato) recordará la escena clave en la que el equipo confronta a Dennis Quaid, que interpreta al entrenador de béisbol de los estudiantes de bachillerato, y ex lanzador de las ligas menores, Jim Morris, acerca de su capacidad para lanzar. Llegan a un acuerdo con el entrenador de que, si ganan el título de su liga, él se compromete a intentar lanzar en las ligas mayores. Y ésta es la motivación que el equipo necesita para triunfar. Cuando usted comience a integrar un colectivo, asegúrese de proporcionar a sus miembros algo estimulante por qué luchar, pues eso será tan valioso para ellos como la ayuda de ellos para usted.

2. *Todo equipo necesita una oportunidad para cuajar.* «Houston, tenemos un problema», dice Tom Hanks en la película *Apolo 13*. Él encarna al astronauta Jim Lovell, quien acaba de descubrir en la nave espacial una rápida fuga de combustible. Si Houston se preguntaba

cómo trabajarían juntos en caso de una emergencia, la pregunta estaba a punto de ser respondida. Al final, el equipo demostró tener lo que hacía falta. La única forma en que su equipo puede cuajar es entregándole responsabilidades importantes. Es obligación suya el ofrecerles la oportunidad.

3. *Todo equipo necesita un director que le confiera poder.* Rusell Crowe confiere poder a sus compañeros gladiadores liderándoles «¡como uno solo!» en su primera victoria en el Coliseo. Una vez que usted empieza a integrar un equipo, deberá entregar a sus miembros los medios para triunfar. Esto exige de usted que defina papeles, que los entrene minuciosamente, y que los estimule con frecuencia. Si fracasan y usted no ha hecho lo que debía, el fracaso será culpa suya.

4. *Todo equipo necesita para unirse intimidad, honestidad y responsabilidad.* Tal vez usted recuerde la escena si vio la película *Remember the Titans* (Recordemos a los Titanes): Denzel Washington, que interpreta al entrenador Boone, se enfrenta a la realidad de dirigir un equipo interracial de fútbol americano en tiempos de la segregación. En una carrera matutina obligatoria, lleva a sus hombres a los terrenos donde se libró la batalla de Gettysburg durante la Guerra Civil estadounidense. Allí muchachos muy jóvenes ofrendaron sus vidas combatiendo por el mismo ideal: la igualdad de las razas. Los miembros del equipo son obligados a resolver sus conflictos, tras lo cual se unen como hermanos. De igual manera, usted debe comenzar estableciendo los estándares de su equipo, y hacer saber a cada miembro que será responsable de sus actos, de los buenos y de los malos. Es la mejor manera de asegurar un éxito unificado.

DAR EL PRIMER PASO

Para algunos de ustedes, el conformar un equipo está a sólo unos pasos. También para algunos, poder dedicar la mitad de su jornada a tareas productivas representa un enorme paso adelante. Y usted debe hacerlo. Comenzar donde necesite, y trabajar para escalar. Pero no se rinda a mitad de camino porque, créame, la recompensa no tardará en llegar. Siempre he dicho que si usted tiene un sueño y no tiene un equipo, su sueño morirá. Pero con un equipo, el sueño volará.

Algunas de las ideas expuestas en este capítulo pueden parecer revolucionarias—e incluso ridículas—atendiendo a sus circunstancias. Por ejemplo, si usted trabaja desde un cubículo, parecería un poco extravagante acomodar también allí a un ayudante la mitad de la jornada. Y por otra parte, están los reglamentos y responsabilidades de su compañía, etc. Estas son algunas de las cosas que deberá tener en cuenta mientras se esfuerza por maximizar el valor de su tiempo productivo. Como en cualquier actividad que persiga el éxito, encontrará obstáculos, y eso es normal. Mi consejo es que trate de pensar sin limitarse y que involucre a su jefe desde el principio. Cuando éste entienda lo que usted está intentando hacer, es más que probable que se disponga a ayudarle a dar los pasos necesarios, aun si esto exige hacer algunas cosas fuera de lo común. Cuando menos, nada que usted intente hacer en adelante le sorprenderá. Reúna sus mejores habilidades de vendedor y convierta en una meta conseguir el respaldo de su jefe para su causa. Y si lo desea, hágale, como Tim, una oferta que sólo un estúpido podría rechazar.

La noticia alentadora es que una vez que usted consigue contratar a un ayudante—incluso si lo comparte con un colega—habrá dado el primer paso hacia la integración de un equipo. Y eso es, literalmente, el comienzo del fin de sus días en el pantano.

Si usted tiene un sueño y no tiene un equipo, su sueño morirá. Pero con un equipo, el sueño volará.

Pero hay una fase más en la que tenemos que trabajar a fin de maximizar su tiempo productivo. Con el dique a nuestras espaldas, ahora necesitamos evaluar su capacidad para ser productivo... porque todavía hay obstáculos que pueden pinchar su balsa y retardar su avance río abajo.

En el curso de una carrera de vendedor hay algunas cosas que usted debe controlar, y otras que no. Hay cosas que debe convertir en «su bebé», y otras que debe delegar, si es que desea rebasar el techo del vendedor promedio. Si desea despegar, usted debe tomar el control de los aspectos más productivos de su negocio de ventas, pero si acapara *demasiado* control, estará sofocando su potencial y matando el impulso. Y esto se debe a que el éxito en cualquier actividad es el resultado de tiempo concentrado.

Para comprender su potencial como vendedor, hágase el hábito de concentrar su tiempo sólo en las contadas tareas que reportan los mayores retornos a su negocio. Delegue el resto. Esto implica invertir su tiempo en dos cosas:

♦ *Fomentar la confianza de los prospectos idóneos*

♦ *Agregar valor a los clientes existentes*

Ceda el control de otras tareas importantes (incluso productivas) buscando la ayuda de otros.

♦ Responda la pregunta del 100 por ciento

♦ Asuma una mentalidad de ejecutivo principal

♦ Delegue tareas gradualmente

♦ Empiece a integrar un equipo

Estos pasos concluyen la construcción de su dique, y constituyen la tercera fase de la administración de tareas, a la que nos referimos como emprender acciones concentradas en las tareas más *productivas*.

Capítulo Seis

La trampa de la tecnología

Perder el tiempo en aparatos que «ahorran» tiempo

Mi ayudante dice que es muy difícil localizarme, pero acabo de contarlas: ella tiene ocho maneras de hacer contacto conmigo. Está mi teléfono celular, que siempre llevo, pero a veces la batería se agota. Luego está el teléfono de mi trabajo, pero el correo de voz se llena muy pronto. Le siguen los dos números telefónicos de mi casa, donde tengo varios teléfonos inalámbricos; la recepción se estropea sólo cuando estoy en la mitad trasera del inmueble. El celular de mi esposa generalmente está encendido, y si estoy con ella, puede localizarme allí, aunque a veces el timbre está desactivado. Tengo dos direcciones de correo electrónico que reviso cuando estoy en la oficina, o sea, unas diez horas a la semana, pero por ahora solamente una recibe correos. La otra es sólo para urgencias. Y por último está mi Asistente Personal Digital... No sé bien qué problema es el que tiene.

−Todd Duncan

Durante un período que ahora llamamos el Iluminismo, Sir Francis Bacon describió una civilización moderna que surgiría si liberábamos el poder de la ciencia y la tecnología. Estaba convencido de que esta liberación era el camino a una sociedad de conveniencia, alternativas, bienestar y prosperidad sin precedentes para todos. En 1624, él nombró a este paraíso tecnológico insular la Nueva Atlántida. Hoy en día le llamamos Norteamérica.

De acuerdo con el biógrafo William Hepworth Dixon, «todo hombre que sube a un tren, envía un telegrama, sigue el rastro de un vapor, se sienta en una silla reclinable, cruza el Canal de la Mancha o el Atlántico, disfruta de una suculenta cena o de un bello jardín, o se somete a una operación quirúrgica indolora, le debe algo [a Bacon]».[1] Esto fue escrito en el año 1862. Casi 150 años después, tendríamos que dar las gracias a Francis Bacon por algo más. Yo le llamo la Trampa de la Tecnología, pero se le conoce por muchas otras denominaciones. Quizás usted sepa de alguna. La computadora de mesa. La portátil. La Internet. El Asistente Personal Digital. El teléfono celular. El localizador de personas. El correo electrónico. El correo de voz. El localizador inalámbrico para su computadora portátil con tarjeta inalámbrica. La red Wi-Fi (Fidelidad Inalámbrica) para su Asistente Personal Digital, que le permite revisar correos electrónicos y de voz desde cualquier lugar. La memoria flash, que convierte su teléfono celular en reproductora estéreo, videojuego y cámara digital, todo en una sola pieza. Imagino que ya puede ver el cuadro.

Bacon nos condujo a la ciencia, la ciencia nos llevó a la tecnología, y la tecnología a las maravillas de los aparatos que ahorran tiempo. Pero por estos días los artilugios cuya eficiencia alabamos podrían estar despojándonos de lo mismo que fueron diseñados para ahorrar.

Ladrones tecnológicos del tiempo

No tengo nada contra la tecnología. No soy marxista, ni creo que las máquinas lleguen a reemplazar en la fuerza laboral a los seres humanos. Los avances tecnológicos han hecho maravillas por el mundo y continuarán haciéndolas. Pero en esta era en continua expansión de la capacidad de memoria y de energía, las páginas Web y los satélites, muchos tenemos una propensión a adquirir aparatos. Como resultado, podríamos estar perdiendo más tiempo con la tecnología que el que procuramos ganar.

En un artículo del diario *Seattle Times* titulado «Ahorrar tiempo ya no es una realidad tecnológica», el columnista Paul Andrews se hace la siguiente pregunta: «¿Se ha convertido la tecnología en un ladrón de tiempo?»

Parte de la jornada laboral comprende tratar con el aspecto tecnológico. Ahí entra a jugar el concepto del robo de tiempo. Entre los ladrones se incluyen las computadoras, el correo de voz, el correo electrónico, la Internet y los procesos automatizados en los que los seres humanos han sido suplantados por la tecnología.

El otro día en el supermercado estuve reflexionando sobre estos ladrones de tiempo. Allí los compradores ahora pueden registrar por sí mismos sus compras, pagarlas y hasta ponerlas en bolsas. Usted pasa sus víveres con códigos de barra por el escáner, que de algún modo reconoce también frutas y otros artículos no codificados. Si yo anduviera con prisa, esta auto registradora sería una forma de evitarme hacer la fila... [Pero] si los supermercados empezaran a exigir su uso a todos los compradores, el sistema no me ahorraría ningún tiempo. Haría las mismas filas que ahora hay en las cajas registradoras atendidas por dependientes.

Abundan los ejemplos... puedo recordar cuando comencé a utilizar las PC a principios de los años 80. Me ahorraban un tiempo enorme. Y el correo electrónico era un avance prodigioso con respecto al fastidio del bien llamado correo «caracol». Adelantemos ahora rápidamente la cinta a la percepción actual sobre las PC. Los más notorios ladrones de tiempo en 2003 son probablemente los males gemelos del correo chatarra y los virus del sistema operativo Windows. Cuando uno de ellos no nos está atascando el buzón de entrada, el otro nos está apagando la PC.[2]

Me identifico plenamente con este columnista.

El año pasado, cuando Brent, mi coautor, y yo estábamos trabajando en el libro *Killing the Sale*, la computadora portátil de él fue infectada por un virus, y no podía acceder a ninguno de sus documentos.[3] Durante dos semanas pasó más de 20 horas en el teléfono buscando soluciones con un experto. Cuando le pregunté cómo lo había resuelto finalmente, me dijo que aún no había podido. Después de reinstalar el disco duro tres veces, el experto se rindió y ordenó una nueva placa base, lo cual, si usted no lo sabe, equivale a otra computadora portátil, sólo que sin la caja de plástico. Y a consecuencia de esas dos semanas en una trampa tecnológica, terminamos el libro después del plazo original.

Este año el problema fue otro, aunque la historia fue muy similar.

Brent compró una nueva computadora portátil, con la esperanza de evitar cualquier imprevisto similar, y funcionó. Pero, claro, no contábamos con mi *computadora portátil*. Hace ya algún tiempo, mi correo electrónico estuvo bloqueado varios días, y en ese tiempo Brent no pudo recibir nada de mí. Una vez, mientras yo estaba de gira, no recibió mis correos durante dos semanas. Y esto nos obligó a apresurar de nuevo nuestro calendario.

Desafortunadamente, la Trampa de la Tecnología es un problema cotidiano y universal, porque hasta las amenidades más elementales pueden atarnos las manos y robarnos tiempo. Considere, para empezar, el correo electrónico.

Mientras que el correo electrónico nos ha ofrecido una eficiencia sin precedentes en la comunicación, cuando consideramos las dificultades que nos mortifican a lo largo del día, el resultado podría ser más estrés que tiempo ahorrado. Mi experiencia reciente lo ejemplifica. Seguro que usted también podrá pensar en alguna experiencia propia, quizás tan fresca como de hoy mismo.

El potencial de problemas del correo electrónico es actualmente tan grande que un artículo reciente del diario *USA Today* comenzaba con estas palabras: «Durante años los consumidores y las corporaciones hablaron maravillas sobre el potencial del correo electrónico. Ahora hablan con escepticismo de su futuro».

Según el artículo, nuestras ciberfrustraciones nos costaron solamente el año pasado más de 15 mil millones de dólares en pérdidas personales y productividad en el centro de trabajo. El autor cita los tres malestares más prevalecientes en el correo electrónico y los enormes costos asociados con cada uno de ellos. Creo que me puedo identificar con todos. Observe:

Spam
(Correos electrónicos no solicitados que plagan su buzón de entrada)

Las estadísticas: Según la compañía de monitoreo nacional de correo electrónico Brightmail, en el mes de mayo de 2004, cerca de un 64 por ciento de todos los correos eran *spam*, o *"invasión"* comparado con 58 por ciento en diciembre del año anterior. *El costo:* «A las compañías les está costando casi 2.000 dólares anuales por empleado por concepto de productividad perdida, el doble de hace un año», apunta Nucleus Research. Solamente el *spam* ocasiona como promedio una pérdida de cerca del 3.1 por ciento de la productividad total.

Phishing
(Spam que engaña a los consumidores para que entreguen su información personal)

Las estadísticas: «Los ataques de *phishing* o *"pescando"* se elevaron a una cifra récord de 1.125 esquemas específicos en abril de 2004... Según el Grupo de Trabajo Anti-Phishing».

El costo: cada ataque puede añadir a su buzón de entrada (o retirar de él) entre 50.000 y 10 millones de mensajes de correo electrónico.

Virus
(Programas que se auto reproducen, dañan documentos y reducen la velocidad del procesador)

Las estadísticas: Existen actualmente en el ciberespacio 90.800 *virus* o *"infectadores"* conocidos, con el potencial para infectar su computadora cada vez que abra un correo electrónico o navegue por la Internet.

El costo: Cuando no apagan su computadora o bloquean su acceso a documentos importantes, muchos virus dejan «agujeros de seguridad» en su máquina, permitiendo que los intrusos le envíen *spam* y esquemas de *phishing* a usted, y a otros desde su computadora. Esto incluye a sus prospectos, colegas, y clientes de confianza.[4]

Hace unos cinco años, la realidad se impuso. Las tribulaciones de la tecnología de computadoras nos estaban pasando una onerosa cuenta. Computer Economics, con sede en Carlsbad,

California, reportó que en todo el mundo las empresas perdieron un total de 7.600 millones de dólares en ingresos y productividad en los dos primeros trimestres de 1999, a manos de *Melissa*, el gusano *Explorer*. *Zip*, y otros *virus*.[5] Esto conllevó, por supuesto, a un incremento global de los fondos para la seguridad de la red de computadoras en numerosas corporaciones.

Hoy no sólo invertimos más tiempo enfrentando estos dilemas; también gastamos en ello una fracción mayor de nuestros ingresos. La revista *Entrepreneur (Emprendedores)* señala que una proyección del Grupo Radicati prevée que si nuestros dilemas tecnológicos continúan al ritmo actual, las pérdidas de ingresos y productividad debidas a virus de computadoras «alcanzarán en el año 2007 en todo el mundo los 75 mil millones de dólares, comparado con 28 mil millones en el año 2003». Radicati también anticipa que, para el año 2007, individuos y corporaciones gastarán 6.100 millones de dólares en soluciones contra *virus*, y 2.400 millones en soluciones contra el *spam* y filtros de contenido, en comparación con 1.800 millones y 653 millones en el año 2003.[6]

Claro que podemos hablar en términos generales, globales, acerca de las trampas de tiempo en que nos sume la tecnología, pero la realidad es que si no nos afecta personalmente, no admitimos el problema.

Sin embargo, seré el primero en reconocer que me afectan, y en más de una forma. Y tengo la sensación de que usted y yo navegamos en el mismo barco.

Durante una reciente sesión de ejercicios, me fijé en un comercial de Boeing que comenzaba con las palabras: «La libertad asciende en las alas de la tecnología». Yo había estado teniendo problemas con mi computadora portátil, y recuerdo que pensé: *Lo único que asciende en las alas de mi tecnología es la frustración*.

Y los retos continúan, no sólo para mí, también para todos a mí alrededor... como seguramente puede usted imaginar.

DIFICULTADES TÉCNICAS... ESPERE, POR FAVOR

En la sala de estar para viajeros frecuentes de una aerolínea, pregunté hace poco por qué debía tener dos tarjetas de miembro.

«Una es para nuestro nuevo lector magnético», me explicó la dama detrás del mostrador. «Pero no está funcionando, debido a dificultades técnicas. Eventualmente reemplazará a su tarjeta vieja, pero todavía no podemos usarla».

A la mitad de aquel mismo viaje, escuché sin querer a otro viajero que le decía a la persona al otro lado de la línea que había acabado de perder 30 minutos tratando de averiguar cómo ajustar el volumen de su celular. Concluyó la conversación advirtiéndole: «Te volveré a llamar desde un teléfono fijo». El otro día visité un amigo, y lo encontré totalmente frustrado. Cuando le pregunté qué le ocurría, me dijo: «Me he pasado medio día tratando de averiguar cómo usar esta nueva cámara. Se supone que haga de todo, excepto—supongo—enseñarte cómo usarla».

Otro amigo es propietario de una empresa de ventas, y están tratando de convertir su red interna a la tecnología inalámbrica. Empezaron hace 14 días, y todavía no funciona.

Hace unos meses sostuve una reunión con miembros del personal de mi casa editorial. Me preguntaron cómo iba mi libro. Les dije que bien, con tal de que no cayéramos en ninguna otra trampa. Todos rieron, y entonces uno admitió tener 619 correos electrónicos sin abrir.

Las trampas tecnológicas nos acechan por doquier, y caemos en ellas todos los días. No sólo nos mantienen perpetuamente vinculados a nuestros empleos, convirtiéndonos en esclavos de los horarios de otros; también dan profundos mordiscos a nuestro tiempo. Con harta frecuencia, la tecnología es más que una ayuda, un obstáculo. De eso creo que no cabe duda. Pero hay una pregunta que necesitamos responder: ¿Se puede encontrar una solución a un problema tecnológico con más tecnología?

Si nos guiáramos por nuestros actos supongo que sí. ¿Por qué nos sentimos siempre compulsados a comprar la última edición de una ayuda tecnológica que ya tenemos?

¿PUEDE LA TECNOLOGÍA RESOLVERSE A SÍ MISMA?

Parece que creemos que la tecnología llegará a ser infalible, sin defectos ni problemas. Pero nuestras elevadas expectativas carecen de fundamento. La tecnología nunca será perfecta; es creada y mantenidas por seres humanos, y no sé si debería añadir que esos seres humanos tienen defectos. El hecho es que, mientras no seamos perfectos, tampoco lo será la tecnología. Pero eso no parece disuadirnos de esperar que ella se cure de todos sus problemas. Hasta el gobierno ha caído víctima de esta incomprensión. A principios del año 2004, el Congreso estadounidense intentó buscar una tecnosolución a un tecnoproblema, cuando propuso un registro nacional de entidades comprometidas a no enviar spam, imitando otro que se había ofrecido el año anterior, basado en el compromiso de no hacer llamadas telefónicas no solicitadas. Pero según *USA Today*, la Comisión Federal de Comercio lanzó un balde de agua fría a la idea, previendo que probablemente promovería más spam y crearía una mayor vulnerabilidad para los usuarios de correo electrónico. La Comisión también señaló que controlar un listado de 450 millones de direcciones sería una verdadera pesadilla tecnológica.[7]

La tecnología no puede ser la solución para sí misma, nunca lo será. Y esto se debe a que no es ella el problema, sino nosotros.

En la conclusión de su artículo, el columnista del *Seattle Times*, Paul Andrews, nos recordaba: «Indudablemente, la tecnología no es la culpable; ella es apenas la herramienta. Pero en muchos sentidos, se ha convertido en una herramienta que el usuario ya no puede controlar».

El spam, el phishing, los virus, la mala recepción de los celulares, y los baches de comunicación en los inalámbricos, siempre existirán. La tecnología es diseñada y actualizada por hombres y mujeres, y por tanto no será nunca infalible ¿Un teléfono celular con recepción perfecta dondequiera que usted vaya? Ni lo piense. Siempre tendremos que preguntar: «¿Me oyes bien ahora?». Los correos electrónicos se seguirán escurriendo por las grietas; las computadoras seguirán siendo plagadas por virus y se apagarán; los Asistentes Personales Digitales no sincronizarán; y la tecnología inalámbrica sólo funcionará hasta determinada distancia de los cables. El problema no es la tecnología; son nuestras insensatas expectativas en torno a ella, y nuestra dependencia de ella.

Si empezamos por ahí, podremos ingeniar una solución a la Trampa de la Tecnología

Recobrar el control de la tecnología

Debo admitirlo, más de una vez fui el primero en la fila para comprar la última herramienta electrónica del mercado. Deseo mejorar mi productividad y ayudarme a ser más efectivo en lo que hago, y para ser honesto, a veces da resultado. Pero también hay momentos—demasiados para enumerarlos aquí—en los que la tecnología me ha fallado y ha usurpado mi tiempo. Es en esos momentos cuando comprendo que debo aplicar una mejor estrategia en cuanto a cómo aprovecho los avances tecnológicos.

No estoy abogando para que rociemos con gasolina y echemos a la hoguera todos nuestros aparatos; sólo quiero que se dé cuenta de que para aprovechar al máximo el tiempo que ha liberado en su jornada laboral, necesita establecer algunos parámetros en su utilización de tecnologías.

Fase 4: Evaluación

Pienso que hay ciertas acciones que podemos emprender a fin de moderar las Trampas Tecnológicas que con tanta frecuencia escamotean nuestro tiempo productivo. Recuerde, estamos en un río, y ahora el dique está a nuestras espaldas. Hemos hecho un buen trabajo hasta ahora al represar las muchas tareas que normalmente nos inundan el tiempo y nos mantienen sin producir. Hemos liberado al menos la mitad de su jornada para dedicar ese tiempo a la prospección y la venta (o toda su jornada si usted consiguió delegar responsabilidades en un ayudante o equipo). Si aplica lo que hemos expuesto hasta aquí, podrá esperar una travesía mucho más serena río abajo.

Pero, como usted bien sabe, aun si su tiempo ha sido liberado para dedicarlo a sus prospectos y sus operaciones de venta, es posible que los siga desperdiciando innecesariamente. Y la razón es que, aun si la corriente no está turbulenta, pueden existir lastres que sobrecarguen su balsa y retarden su avance. La tecnología es uno de los lastres más comunes que nos afectan, debido a que dependemos demasiado de ella para la labor de prospección y venta.

No obstante, puede ser beneficiosa, con tal de que usted aprenda a evitar lo que detiene su avance. He aquí cinco formas de lograrlo:

1. *Acorte la cadena.* En los eventos de mi Academia de Ventas de Alta Confiabilidad, siempre designo a un asistente para que sea el «*shérif*» de los teléfonos celulares y buscapersonas. Luego advierto a todos los concurrentes que, si suena el timbre de un celular mientras estoy exponiendo, su dueño tendrá que pagar al shérif una multa inmediata: 20 dólares la primera vez; 40 dólares la segunda; 100 dólares la tercera. El dinero recolectado en el curso del evento de tres días se dona a alguna organización caritativa elegida por el público. Usted no me creerá si le digo cuánto dinero recaudamos de esa forma. En un reciente seminario los asistentes implantaron una nueva marca, entregando más de 1.200 dólares en multas, y algunos hasta donaron más de una vez. Uno creería que ellos apagan sus teléfonos y buscapersonas, pero muchos no lo hacen. Y generalmente se debe a que temen perder una llamada importante. Desafortunadamente no están listos para liberarse de sus cadenas tecnológicas.

Como la mayoría de nosotros solemos llevar consigo al menos dos de tres aparatos (celular, computadora portátil o Asistente Personal Digital), estamos encadenados al trabajo las 24 horas. Este nivel de disponibilidad es necesario para un médico, un policía, o un bombero. Pero no para usted. En realidad, le perjudica. Una de las peores trampas de la tecnología es la capacidad que nos confiere para trabajar desde cualquier lugar y en cualquier momento. No sé qué será más atinado decir: que la tecnología nos mantiene en control de las cosas, o que mantiene a las cosas en control de nosotros. Sólo usted conoce su verdad. Pero cuando lo último es más exacto, es menester que acorte su cadena tecnológica y que asegure un tiempo sin amenazas de interrupciones laborales. De otro modo, continuarán ocurriendo dos cosas: nunca maximizará su productividad en el trabajo, y la vida por la cual ha estado luchando quizás nunca llegue para usted.

2. *Sustituya, no amontone.* Según la revista *Newsweek*, «En el mundo de hoy existen 1.500 millones de teléfonos celulares. Ya es posible utilizarlos para navegar en la Web, tomar fotos, enviar correo electrónico y entretenerse con juegos de computadora. Ellos pronto harán obsoleta su PC».[8] Así lo espero, porque si podemos depender de menos herramientas para cumplir con

nuestro trabajo, mejor ¿Llegaremos a contar con una herramienta electrónica que nos permita hacer de todo? Por ahora no se anticipa. Pero mientras más cerca estemos de tenerla, mejor estaremos todos.

Cuando usted suma todo el tiempo que pierde atascado en problemas tecnológicos, parece sensato utilizar sus herramientas sólo cuando las necesite, y no en un fútil exceso. Usted sabe de qué le hablo. Nos la pasamos comprando herramientas tecnológicas que en realidad no necesitamos, o compramos una nueva versión de algo que ya tenemos, y seguimos usando la versión anterior al mismo tiempo que la nueva. Si tiene que comprar un equipo nuevo, deshágase del viejo; no trate de usar los dos. Sustituya, no amontone. Done su celular viejo a un refugio para mujeres, donde podrían usarlo en casos de emergencia. Entregue su computadora vieja a una compañía sin fines de lucro o a un estudiante universitario conocido. Permita que un colega o cliente aproveche su viejo Asistente Personal Digital. Utilice lo que le ahorre tiempo, y deshágase de las herramientas que ha reemplazado. La tecnología puede ahorrar tiempo, pero llega un punto en el que mientras más aparatos tenga usted, menos tiempo ahorrará.

3. *Pida instrucciones.* Ya lo sé: los hombres no piden instrucciones. Pero las mujeres generalmente sí las piden. Así que este consejo en particular se aplica más a mis lectores masculinos. De cualquier forma, si usted quiere derrochar una tonelada de tiempo, intente averiguar por sí mismo cómo usar su herramienta electrónica. Yo acabo de pasar siete horas tratando de aprender a usar un reproductor de MP3. Lo compré porque puedo descargar con él lecciones de la Web, y escucharlas mientras viajo sin tener que llevar la cuenta de mis CD. Pero como no sabía usarlo, perdí siete horas. Debí haber aprovechado el conocimiento del vendedor y permitirle que me enseñara. No me hubiera tomado más de 15 minutos, y así habría ahorrado tiempo desde el principio. En lugar de ello, la tecnología MP3 me ha creado un déficit de tiempo.

Éste no es un consejo genial, pero muy pocos lo aprovechan. Compramos herramientas tecnológicas e invertimos horas enseñándonos nosotros mismos a utilizarlas. Y éste es un voraz «cometiempo». Luego, para añadir al problema, nunca llegamos a determinar cómo usar todas las funciones con las cuales podríamos ahorrar más tiempo a largo plazo ¿Cuántas funciones no sabe usted usar de su celular, su computadora portátil, o su APD? ¿Se da cuenta qué es lo que quiero decir? A menudo, suponemos sin base alguna que la tecnología equivale automáticamente a tiempo ahorrado, cuando lo cierto es que sólo nos ahorra tiempo si sabemos usarla efectivamente. Mientras más pronto llegue usted a esa conclusión, más pronto empezará a aprovechar bien sus horas.

4. Compruebe la eficiencia de sus herramientas. Hace cuatro años hice una considerable inversión en una computadora portátil de alta calidad. Tenía todo lo que yo creía que podría necesitar para trabajar con eficiencia desde mi casa o mientras viajo: ranuras para disquete, correo electrónico y CD, pantalla de 15 pulgadas, y un sistema de sonido de la mejor calidad con todos los controles sobre el teclado. Pesaba bastante, pero me pareció que éste era un modesto precio a pagar por tener una computadora que lo reunía todo, y que incrementaría mi productividad. Unos tres meses después, comprendí que no estaba usando la mitad de lo que aquella máquina me ofrecía. Andaba entonces sobrecargado, trasladando de un lugar a otro aquella caja de cinco kilos que empezaba a convertirse en un lastre. De hecho, dejé de llevarla conmigo: odiaba hacerlo. Además, comprendí que todos los programas que tenía instalados ocupaban demasiada memoria, lo que la hacía funcionar más lentamente.

Al final, le regalé mi supercomputadora a un amigo que trabaja desde su casa y no viaja, y me compré una más pequeña que me ofrecía solamente lo que yo necesitaba. Desde entonces la he utilizado con mucha eficacia.

Debemos evaluar la eficiencia de nuestras herramientas tecnológicas y ser francos con lo que descubramos. No conserve algo sólo porque tenga una bonita apariencia si le causa todo tipo de problemas o tiene demasiadas funciones inútiles. No se enamore de algo que no es capaz de hacer lo que se supone que haga. Le hará perder tiempo. Tampoco se apresure cuando esté evaluando las características de la herramienta que usted cree que le proporcionará el mayor ahorro de tiempo. Y además, pruébela. Si es un éxito, muy bien. Pero si le hace perder tiempo, deséchela por algo más eficiente. Y no descarte la opción de hacer las cosas a la manera antigua. La tecnología no siempre es más eficiente que usted.

5. Para adelantar, retroceda. Recientemente tomé parte en una reunión que concluyó con la programación de otra. Tan pronto se fijó una fecha, todos miraron sus calendarios. «Estoy disponible en esa fecha», repliqué, luego de mirar mi calendario de papel marcado con lápiz. Luego callé mientras los demás seguían hundiendo botones y digitando sus APD. Un minuto más tarde, todos confirmaron que estaban libres. Hasta qué punto lo estaban, ya es harina de otro costal.

Algunas veces la tecnología no es mejor. Solamente es más atractiva.

Sé que existe una sutil presión para tener a mano los últimos adelantos de moda. Pero si usted puede realizar su trabajo más eficientemente sin ellos, no compre un aparato de lujo sólo porque los demás lo tienen. Además, lo retro está de moda en estos días. Es la tendencia dominante en el vestuario, los automóviles y los enseres domésticos: ¿Por qué no en la tecnología?

Algunas veces la tecnología no es mejor. Solamente es más atractiva.

Aligerar la carga

En lo que respecta a tiempo y tecnología, haríamos bien en recordar la fábula de la tortuga y la liebre. Con mucha frecuencia hacemos el papel de la liebre, con nuestras herramientas relumbrantes y rápidas, diseñadas para ahorrarnos tiempo y llevarnos en un abrir y cerrar de ojos del punto A al punto B, pero que al final sólo lastran nuestro trabajo. Necesitamos seguir el ejemplo de la tortuga, que tendía siempre a un paso más lento, pero más deliberado. Y no es que la tortuga no quisiera correr más rápido, sino que comprendía que la única forma de hacer algo bien es sacrificar algún tiempo al principio para determinar el camino correcto, y luego avanzar confiados hacia la meta. En eso consiste nuestra lección de cara a la tecnología, y será nuestra lección de aquí en adelante: la esencia de la Fase de Evaluación es sacrificar algún tiempo al principio en aras de ganar más tiempo al final.

Como verá, lo cierto es que usted puede liberar todo el tiempo del mundo para procurar que su negocio crezca; pero si no sabe utilizarlo efectivamente, seguirá desperdiciando buena parte de sus horas, y eso, a la larga, podría ser peor.

Es bastante negativo estar empantanado en tareas que ocupan innecesariamente su tiempo y ponen una tapadera a su éxito, pero usted ya sabe cómo superar eso. Es todavía peor contar con suficiente tiempo para triunfar, pero malgastarlo en nombre de la productividad y la eficiencia. Esto muchas veces lo causa una tecnología mal empleada, pero hay otras razones. Evaluémoslas una por una. Al final, con el dique detrás nuestro y una corriente constante ante nosotros, vamos a navegar bien.

El Iluminismo nos condujo a la ciencia, la ciencia nos condujo a la tecnología, y la tecnología nos lleva a las maravillas de los inventos diseñados para ahorrarnos tiempo. Pero en nuestros días, los aparatos que alabamos como eficientes podrían estar despojándonos de lo mismo que fueron diseñados para ahorrarnos. Sin embargo, la tecnología no es el problema: el problema somos nosotros. Muchos tenemos ahora una propensión a adquirir nuevas tecnologías, pero perdemos más tiempo con ellas del que ganamos.

Hasta ahora hemos hecho un buen trabajo represando o regulando las muchas tareas que normalmente inundan nuestro tiempo y nos mantienen improductivos. Hemos liberado al menos la mitad de la jornada laboral suya (o toda su jornada, si ha logrado delegar responsabilidades en un ayudante o equipo) para que se concentre en las tareas más productivas. Pero aun si su tiempo ha sido liberado para dedicarlo a la prospección y las ventas, es posible que siga desperdiciándolo innecesariamente. Esto se debe a que, incluso si las aguas de su río fluyen con serenidad, quedan lastres que pueden sobrecargar su balsa y retardar su avance. La tecnología es uno de los más comunes, porque muchos de nosotros dependemos demasiado de ella para la labor de prospección y venta. No obstante, puede reportarnos beneficios con tal de que usted evite que impida su avance. Hay cinco maneras de lograrlo:

1. Acorte su cadena tecnológica.

2. Sustituya sus ayudas tecnológicas, no las amontone.

3. Pida instrucciones para aprovechar al máximo sus herramientas tecnológicas.

4. Compruebe su eficiencia.

5. Para adelantar, retroceda. No dependa de la tecnología si un método manual antiguo resulta más eficiente.

Estos pasos representan la fase final de la administración de tareas, llamada Fase de Evaluación. En ella usted está evaluando su aprovechamiento del tiempo que ha liberado y eliminando cualquier estorbo a su productividad.

Capítulo Siete

La trampa de las cuotas

Perder el tiempo contando ventas

Empecé a vender sólo lo que sabía que funcionaría, porque no podía seguir mintiendo, y entonces mis jefes me dijeron que, o vendía más, o me buscaba otro trabajo.

—MATT COOPER
SALES AND MARKETING MANAGEMENT

Quienes han estado vendiendo durante años ganan casi la misma tarifa horaria que los recién graduados universitarios sin un solo día de experiencia como vendedores.

—TODD DUNCAN

Hemos erigido barreras para eliminar (1) su Acumulación de tareas innecesarias. Esta fase le ayudó a deshacerse de interrupciones innecesarias en su tiempo. Luego construimos barreras más altas para regular (2) la Admisión de tareas *necesarias* en su horario. Esta etapa le ayudó a liberar cuatro horas diarias para dedicarlas a la producción. Luego discutimos la necesidad de emprender (3) Acciones concentradas en las tareas *productivas* más importantes, cediendo cierto control de otras tareas claves a un ayudante o equipo. Estas tres fases completaron la construcción de su dique, y no sólo domesticaron la caótica corriente de su río, sino que también liberaron al menos la mitad de su tiempo para dedicarlo a la prospección y las ventas; ello equivale posiblemente a dos o tres veces más de lo que usted tenía antes. Pero recuerde, tener tiempo para vender es una cosa—ser altamente productivo con ese tiempo es otra cosa.

Eso nos condujo a la cuarta fase y final de la administración de tareas. La Fase de Evaluación tiene que ver con un alto rendimiento productivo durante el tiempo que consiguió liberar con su dique. Empieza cuando usted comprende cómo debe usar la tecnología sin abusar de ella; cuando aprende a evitar las Trampas Tecnológicas que se encuentran por todas partes en la sociedad actual. El próximo paso en la Fase de Evaluación es evitar algo a lo que llamo la Trampa de las Cuotas. Déjeme explicarle esto a medida que avanzamos.

EL VALOR DEL TIEMPO

Fue Benjamín Franklin quien sentenció por primera vez que «el tiempo es oro»; él comprendía algo que muchas veces se pierde en el mercado vertiginoso de nuestros días, aunque no todos lo pasan por alto.

Visite a un abogado o un mecánico y se dará cuenta de lo que quiero decir. Usted estará intercambiando dinero por un servicio, pero eso no es todo lo que está pagando.

Pase unas horas en la oficina de un abogado y es posible que reciba unos cuantos documentos legales y algunas firmas oficiales que le ayudarán a resolver un caso. Pero cuando reciba la cuenta comprenderá que le están cobrando por algo más que un puñado de hojas de papel y un par de cucharaditas de tinta. Advertirá que está pagando también por el tiempo del abogado, en realidad, mucho más que por cualquier otra cosa.

Lleve su auto para que le arreglen ese molesto silbido, y le cobrarán por dos cosas: las piezas nuevas que el mecánico ha instalado, y su tiempo. Como bien sabe, mientras más tiempo consuma el trabajo, más le cobrarán. Y la razón es que el tiempo del mecánico tiene más valor que las piezas que él instala. Un mecánico comprende que sin su tiempo, usted no tiene nada más que un cacharro silbante y un montón de piezas de metal. Por eso le cobra según el valor que asigna a su tiempo.

En esencia, el abogado y el mecánico comprenden que en una transacción de negocios hay algo más que un simple trueque de dinero por un producto o servicio. El dinero también se intercambia por tiempo. Esta es una verdad que debemos recordar a todos los vendedores estancados.

EL INTERCAMBIO DE TIEMPO

El trueque o intercambio ha estado en el mundo desde el principio de los tiempos. De hecho, antes de que existiera el dinero, era como los individuos obtenían lo que necesitaban para vivir. Si el invierno se aproximaba y yo tenía necesidad de algunas prendas de abrigo, podía ofrecerle a usted algunos frutos de mi cosecha a cambio de unas pieles. Si usted deseaba hacer un regalo y yo tenía hambre, yo podía ofrecerle un collar de cuentas a cambio de una porción de carne. Así era entonces.

Hoy podemos observar que en la sociedad moderna apenas se producen trueques a nivel individual por razón de necesidad, al menos que se trate de intercambiar favores. Pero esta observación sólo tiene valor si no consideramos el tiempo como un bien.

Cierto, la mayoría de los vendedores admiten que el tiempo tiene un valor. El problema es que nunca llegamos a despejar en qué consiste ese valor. Pero si viéramos el tiempo como un bien definido—algo que trocamos en una negociación a cambio de otra cosa—empezaríamos a entender las implicaciones de gastarlo en formas improductivas o fortuitas. Me he dado cuenta de que la mayoría de los vendedores entregan su tiempo y obtienen muy poco a cambio.

¿CUÁL ES SU TARIFA HORARIA?

¿Ha pensado alguna vez cuánto vale su tiempo? Si le pagaran por hora ¿cuánto cobraría usted a un cliente por su tiempo? Espere, no responda. En realidad su tarifa horaria ya ha sido determinada, lo sepa usted o no.

Es una ecuación sencilla. Tome la cantidad de dinero que ha ganado en el curso de las últimas dos semanas y divídalo por la cantidad de horas que ha trabajado en ese mismo período. La ecuación luce así:

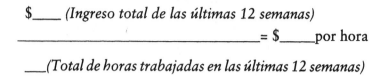

$ ___ *(Ingreso total de las últimas 12 semanas)*

_____ = $ ___ por hora

___ *(Total de horas trabajadas en las últimas 12 semanas)*

Por cierto, no sacará nada con endulzar las cifras. Estamos intentando aprovechar al máximo el valor del tiempo que usted ha liberado hasta ahora, y eso exige que sea totalmente honesto en cuanto a todas las horas que invierte trabajando, incluyendo el tiempo en el teléfono y en la Internet el fin de semana, etc. También se requiere que sea exacto acerca del dinero que ya ha cobrado, no el que deberá cobrar más adelante.

Casi siempre cuando trabajo con vendedores empantanados y ellos calculan sus tarifas horarias, les sorprende saber por qué poca cosa trabajan, especialmente cuando les ofrezco algún punto de comparación.

Por ejemplo digamos que usted promedió 70 horas a la semana durante las últimas 12, lo que equivale a decir que acumuló un total de 840 horas de trabajo en el trimestre. Digamos ahora que usted ganó como promedio 5.000 dólares mensuales, y que por tanto sus ingresos en el trimestre totalizaron 15.000 dólares. Tal vez se sienta tentado a pensar que no le fue tan mal, pero cuando descompone esta cifra y halla la tarifa horaria, se hace evidente que en este negocio no lleva las de ganar.

Si divide sus ingresos trimestrales (15.000 dólares) entre el número de horas trabajadas en el trimestre (840) tendrá una tarifa horaria de apenas $17.86 por hora. Para brindarle un marco de referencia, según la firma CareerPrep.com, si un egresado universitario hubiese solicitado trabajo como vendedor el año pasado, podía esperar ganar un promedio de $19.09 por hora. Y esto durante lo que muchos llamaron una pequeña recesión.[1]

Es desafortunado, pero he encontrado que la mayoría de los vendedores empantanados trabajan por entre $10 y $ 20 dólares la hora. En otras palabras quienes llevan trabajando años, a veces hasta más de diez, personas que ya no tienen veinte ni treinta años, sino cuarentones y cincuentones, están ganando aproximadamente la misma tarifa horaria que los recién graduados universitarios sin un solo día de experiencia como vendedores.

¿Qué le dice su tarifa horaria sobre la forma en que ha estado intercambiando su tiempo?

PERDER EL TIEMPO CONTANDO VENTAS

La mayoría de los vendedores intercambian su tiempo por muy poca cosa, y me he dado cuenta de que esto es principalmente resultado de una sola cosa: las cuotas.

En el pasado, el viajante de comercio era un individuo respetado; de hecho, ésta era la carrera de la mayoría de los hombres de la edad de mi padre y mi abuelo. Es posible que entonces se mencionaran las cuotas—más como metas que como requisitos—pero no eran necesarias. La constante competencia, la dignidad personal, y la responsabilidad familiar fijaban las normas e inspiraban a los viajantes de comercio a intercambiar dignamente su tiempo y a triunfar.

En nuestros días, las normas personales y familiares son mucho menos exigentes, y las distracciones abundan. La competencia, la codicia, y el temor a perder el trabajo suelen ser las únicas fuerzas que nos compulsan a triunfar, y las cuotas pueden utilizarse como látigos sobre nuestras espaldas, acicateándonos para que produzcamos una cierta cantidad de ventas pero engañándonos para que ignoremos la calidad de nuestro tiempo. Como resultado, los estándares en el campo de las ventas andan por el suelo, la productividad asume un árido significado, y los vendedores recurren a medidas desesperadas para cumplir sus cuotas y conservar sus empleos. Matt Cooper fue uno de estos individuos.

En un reciente artículo publicado por *Sales and Marketing Management*, Erin Strout revela los decepcionantes descubrimientos de Cooper acerca de las expectativas poco realistas que se tienen hoy de los vendedores, y cómo acaban afectando su productividad.[2]

Para Matt Cooper, el precio de ganar 150.000 dólares por venta era tener que pasar cada día mintiendo a sus clientes. La promesa de grandes cheques de bonificación—no su salario básico de 40.000 dólares—fue lo que le motivó a ingresar hace dos años en la fuerza laboral de una grande y renombrada compañía de Internet... pero lo que no entendió entonces fue que la deshonestidad era el precio a pagar por su admisión. La compañía con sede en New York integró un equipo para hacer negocios en grande, un grupo que vendía campañas de publicidad por millones de dólares a algunas de las mayores corporaciones del mundo ¿Cuál era la estrategia clave de esta fuerza laboral? Hacer lo que fuera necesario por cerrar esos tratos... «si uno no mentía lo despedían», dice Cooper. «Todo se reducía siempre a escoger las palabras y endulzar los números».

Cooper reconoció ante Strout que era obligado a mentir casi el ciento por ciento de su tiempo. Otro representante de ventas que trabajaba con él confesó: «Podríamos haber vendido todo nuestro inventario de telecomunicaciones, pero entonces otra compañía llamaba para decir que querían invertir 50.000 dólares en una campaña ¿Qué hacíamos? Tomar la oferta, aunque todo el espacio estuviera vendido ya. Cuando las cifras luego no respondían a las expectativas del cliente, se lo achacábamos a una mala campaña. Hacíamos negocio con cualquiera que estuviera dispuesto a gastar 10 centavos».

Como resultado de estas tácticas dolosas para cumplir con las cuotas, un cliente a quien Matt Cooper estafó más de un millón de dólares empezó a dejarle mensajes cada vez más hostiles, que culminaron con una amenaza de muerte. «Me dejó un mensaje que decía: "Sé que estás ahí. Voy a averiguar tu dirección y a volar tu casa en pedazos"». Según Strout, Cooper no volvió a hablar con este cliente y puso la delicada situación en manos de la compañía. También admitió que situaciones similares se habían suscitado otras veces.

Al final, no pudo seguir resistiéndolo. Cooper confiesa que «empecé a vender sólo lo que sabía que funcionaría, porque no podía seguir mintiendo. Entonces mis jefes me advirtieron que, o cerraba más ventas, o me buscaba otro trabajo». En esencia le hicieron saber que si no cerraba las ventas a la manera de ellos estaba desperdiciando el tiempo de la compañía. La ironía es que la realidad era todo lo contrario. No obstante, Cooper escogió los principios y se marchó, dando el tiempo perdido por una buena lección. No hace mucho, la historia de Matt Cooper habría resultado perturbadora y excepcional. Hoy, es casi un lugar común. De hecho, una encuesta realizada acerca del artículo por la revista SSM y Equation Research reveló que el 47 por ciento de los gerentes de ventas sospechan que sus vendedores mienten durante sus transacciones. Pero, ¿será que se rebajan a estas tácticas vergonzosas sólo por sed de dinero y de éxito? Lo más fácil sería suponer que sí. Sin embargo, la mayoría de los gerentes aseguraron que ésa no es la razón principal. De acuerdo con la encuesta, «el 74 por ciento admitió que la exigencia de metas de venta poco realistas motiva a los vendedores a perder de vista las necesidades reales del cliente». En otras palabras, los vendedores sucumben a tácticas de venta carentes de ética porque su práctica regular no produce lo suficiente para cumplir con las cuotas.

El dilema de las cuotas

Desafortunadamente, como con las cuotas nos vemos tentados a utilizar tácticas de venta muy rápidas, muchas veces resultan contraproducentes para nuestro tiempo. Por ejemplo:

♦ Las cuotas pueden incrementar su ritmo, pero reducen su concentración.

♦ Las cuotas pueden multiplicar sus actos, pero afectan su valoración.

♦ Las cuotas pueden incrementar su exposición, pero reducen su efectividad.

♦ Las cuotas pueden incrementar sus retornos a corto plazo, pero reducen su confiabilidad a largo plazo.

♦ Las cuotas pueden incrementar su producción a corto plazo, pero reducen sus utilidades a largo plazo.

Con demasiada frecuencia las cuotas son la fuerza motriz tras la estrategia de un vendedor. El problema con eso es que pueden persuadirle a usted para que piense que la cantidad de ventas es el factor más importante del éxito. Esto muchas veces le mueve a ignorar la calidad de sus clientes, con lo cual el valor de su tiempo se reduce significativamente a largo plazo.

Si usted se siente motivado para cumplir con una cuota, se sentirá presionado a venderle a cualquiera que se presente, sea o no un buen prospecto. Como el vendedor de muebles que, creyéndose listo, siguió a dos señoras hasta el fondo de la sala de exposición, esperando abordarlas cuando su curiosidad estuviera en el tope. Y sí que las abordó: una estaba amamantando a su bebé, y la otra lo llamó idiota.

El resultado de estas estrategias de venta desordenadas y presurosas, es que la mayoría de los clientes nunca vuelven ni refieren a nadie más. Sintiéndose atrapado, el vendedor tiene entonces que depender de una actividad nueva, dedicando todo su tiempo a la prospección, si es que quiere tener algún éxito. Esto siempre implica más tiempo invertido por menos retorno. Es un intercambio que no vale la pena.

Por otra parte, cuando el motor de su productividad no es cumplir con una cuota, la historia es totalmente diferente.

Para su artículo, Erin Strout conversó con Brett Villeneuve, director de operaciones de la firma Go Daddy Software, quien asegura que él contrata intencionalmente a representantes de venta menos sedientos de dinero y más orientados hacia las relaciones. Villeneuve comprende que lo que vale el tiempo de un vendedor no se basa en sus ventas. Se basa en el retorno total del tiempo invertido.

**Productividad real = Todos los pedidos recibidos /
Todo el tiempo invertido**

Cuando usted suscribe esta definición de productividad—no importa si su jefe la suscribe o no—ha dado el primer paso hacia cosechar el máximo valor por su tiempo de venta, y al hacerlo, elimina la presión que le exige cumplir constantemente con una cuota.

Para recibir más por su intercambio

No olvidemos hasta donde hemos llegado ya. Hemos liberado un mínimo de cuatro horas diarias para que usted trabaje en sus tareas más productivas: la prospección y las ventas.

Hora	Lunes	Martes	Miércoles	Jueves	Viernes
9:00	Comunicación	Comunicación	Comunicación	Comunicación	Comunicación
9:30	Papeleo	Papeleo	Papeleo	Papeleo	Papeleo
10:00	Tareas claves	Tareas claves	Tareas claves	Tareas claves	Tareas claves
10:30	Tareas claves	Tareas claves	Tareas claves	Tareas claves	Tareas claves
11:00	Comunicación	Comunicación	Comunicación	Comunicación	Comunicación
11:30	Papeleo	Papeleo	Papeleo	Papeleo	Papeleo
12:00	Tareas claves	Tareas claves	Tareas claves	Tareas claves	Tareas claves
12:30	Tareas claves	Tareas claves	Tareas claves	Tareas claves	Tareas claves
1:00	Comunicación	Comunicación	Comunicación	Comunicación	Comunicación
1:30	Papeleo	Papeleo	Papeleo	Papeleo	Papeleo
2:00	Tareas claves	Tareas claves	Tareas claves	Tareas claves	Tareas claves
2:30	Tareas claves	Tareas claves	Tareas claves	Tareas claves	Tareas claves
3:00	Comunicación	Comunicación	Comunicación	Comunicación	Comunicación
3:30	Papeleo	Papeleo	Papeleo	Papeleo	Papeleo
4:00	Tareas claves	Tareas claves	Tareas claves	Tareas claves	Tareas claves
4:30	Tareas claves	Tareas claves	Tareas claves	Tareas claves	Tareas claves
5:00					

Pero como ahora sabemos, una cosa es tener el tiempo para ser productivo; y otra es ser realmente productivo con ese tiempo, especialmente cuando está involucrada una constante presión para cumplir cuotas.

Para eliminar el lastre de las cuotas se requiere que usted produzca más negocios, bien en el mismo tiempo que trabaja actualmente, o en menos. Este último sería lo ideal. Desde la perspectiva de la tarifa horaria, he aquí cómo se verían el antes y el después si usted incrementara sus ingresos pero se mantuviera trabajando la misma cantidad de horas.

Antes

$15.000 (ingreso total de los últimos tres meses

_____= $17.86 /hora (Tarifa horaria)

840 (Total de horas trabajadas en los últimos tres meses)

Después

$25.000 (ingreso total de los últimos tres meses)

_____= $25.76 /hora (Tarifa horaria)

840 (Total de horas trabajadas en los últimos tres meses)

La mayoría de los expertos de la «administración del tiempo» sólo le muestran cómo conseguir un mayor retorno por el suyo, enseñándole el arte de organizarse y concentrarse, lo cual por su propia naturaleza reduce la cantidad de horas que usted debe trabajar para producir un mismo ingreso. Siguiendo con el ejemplo anterior, si usted trabajara 10 horas menos a la semana en el mismo período de 12 semanas, la ecuación se vería así:

$15.000 (ingreso total de los últimos tres meses)

_____= $20.83 / hora (Tarifa horaria)

720 (Total de horas trabajadas en los últimos tres meses)

Este es sólo un paso en el proceso de «volverse más productivo»—en realidad es uno que ya usted dio en los capítulos anteriores—pero no es el más efectivo, ni el último. Esto se debe a que siempre hay un factor limitante involucrado. Usted. Incluso si fuera el más organizado, persistente y enfocado vendedor del planeta, las cantidades de clientes a los que puede ver y de ventas que puede cerrar en un período dado de tiempo tienen un límite. En pocas palabras, su productividad eventualmente se estancará si todo lo que hace es concentrarse más y organizarse mejor. Y si cumplir una cuota demanda más de lo que usted puede hacer en ocho horas al día de estricta concentración y máxima organización, continuará atascado, trabajando más horas bajo una constante presión para que rinda. (Y no olvidemos lo que todos sabemos: que la mayoría de las cuotas son poco realistas y difíciles de cumplir aun si trabajamos con suma concentración y organización.)

Hemos hecho todo lo posible por despejar su tiempo—hemos ido tan lejos como le llevarían la mayoría de los expertos en «administración del tiempo»—pero debemos ir aún más allá para aprovechar al máximo el valor de sus intercambios diarios de tiempo. La única otra manera en que esto puede ocurrir es incrementando el valor de lo que usted recibe por su tiempo, en otras palabras, intercambiar su tiempo por un cliente más valioso. Si lo hace así, sus preocupaciones acerca de las cuotas desaparecerán para siempre.

PARA OBTENER TODAVÍA MÁS POR SU INTERCAMBIO

Cuando solamente intercambia su tiempo por clientes de alto valor, puede incrementar sus ingresos si aumenta el número de horas que trabaja. En otras palabras, puede entregar la misma cantidad de tiempo (o menos, como verá más adelante) y obtener más negocios a cambio.

La historia de David es un testimonio de que esto es perfectamente posible. Él dirige una fuerza laboral de 88 vendedores y durante años había pasado por alto el valor de enseñar a su equipo a procurar sólo los mejores clientes de su mercado. Sus vendedores no eran inexpertos ni tímidos, pero por lo general empleaban en sus ventas un enfoque desordenado, por lo cual no podían cosechar los retornos que esperaban. Entonces él siguió mi consejo e implementó un nuevo programa de entrenamiento para ellos que tenía en cuenta principalmente el vender sólo a los clientes más valiosos. Les hizo saber a quiénes deberían aproximarse y a quiénes no. Este único cambio en su estrategia multiplicó de inmediato las ventas de su equipo. Y no sólo eso, sino que sus vendedores han reconocido que así sufren mucho menos estrés y se sienten mucho menos presionados a apresurarse. Resumiendo, tienen tiempo para vender de la manera apropiada a los prospectos idóneos, y esto representó una diferencia del 300 por ciento.

Podrá imaginar cómo estas medidas cambiaron el futuro de la carrera de David. Pero considere además como esta simple corrección en la estrategia iluminó el porvenir de todos sus vendedores. Menos estrés, menos presión, menos tiempo... ¿y más productividad? No es mal negocio ¿cierto?

Para entender el éxito de los vendedores de David, usted debe seguir la misma estrategia. Los pasos que dieron y continúan dando actualmente son las claves para maximizar su productividad mientras minimizan su tiempo de trabajo.

INTERCAMBIANDO TIEMPO POR LOS CLIENTES MÁS VALIOSOS

Hay cuatro categorías generales que definen a todos los clientes, no importa cuál sea su industria. Cuando se las expuse a uno de los míos llamado John, cambió inmediatamente su enfoque de prospección y en sólo ocho semanas recibió pedidos de 33 nuevos clientes de máxima calidad. Para empezar a intercambiar su tiempo por el mayor retorno posible, usted debe entender quiénes son los mejores clientes, porque créame, no todo el mundo vale su tiempo:

Mucho mantenimiento / Pocas ganancias

Los clientes que se ajustan a esta descripción tienen poco potencial para hacer negocios con ellos y son difíciles de servir debido a demandas poco realistas sobre precios y servicios y /o prácticas empresariales ineficientes. Es obvio que a usted debe interesarle evitar intercambiar su tiempo con tales clientes. Hacerlo es cómo invertir dos horas en alguien que está interesado en comprar un par de calcetines. No desperdicie su tiempo; vale mucho más que eso.

Mucho mantenimiento / Muchas ganancias

Los clientes que se ajustan a esta descripción tienen el potencial para producir muchos negocios, pero son muy difíciles de servir, también debido a demandas poco realistas en cuanto a precios y servicios, así como a prácticas empresariales ineficientes y una gran necesidad de halagar su ego. En general, estos clientes esperan más de lo que usted puede ofrecerles, y no descansan hasta que lo consiguen. Es como un cliente de Mercedes-Benz que desea que usted lo corteje durante dos meses, porque cree que se lo merece, luego regatea el precio, y le amenaza con irse a otra parte si usted no satisface sus deseos. No malgaste su tiempo con tales clientes. En lugar de ello inviértalo en las dos siguientes categorías.

Poco mantenimiento / Pocas ganancias

Los prospectos dentro de esta categoría tienen potencial para producir pocos negocios, pero también para reportarle mayores ganancias si la relación crece.

Además, son fáciles de servir debido a su alto nivel de profesionalismo, su deseo de asociarse con usted, y prácticas empresariales eficientes. Por lo tanto resulta sensato que invierta tiempo en ellos. Mi experiencia indica que a medida que usted invierta pequeñas porciones de su tiempo en forma consistente con este tipo de cliente, su aprecio hacia usted crecerá y estará más que feliz de referirle a sus amigos y familiares. Hace ya algún tiempo, mi compañía cerró un contrato de siete cifras por varios años con un cliente que habíamos estado cortejando durante tres años. En ese tiempo nos había hecho pocos encargos, pero sabíamos que una vez que nos estableciéramos como una compañía confiable y capaz de exceder sus expectativas, el valor del retorno se incrementaría significativamente, y así fue. El objetivo con los clientes de poco mantenimiento y pocas ganancias es hacer que con el tiempo asciendan a la última categoría. Ya hablaremos acerca de una estrategia para lograrlo, efectiva y que no ocupa demasiado tiempo. Pero antes veamos la última y más importante categoría de clientes.

Poco mantenimiento / Muchas ganancias

En los clientes que se ajustan a esta descripción es que usted deberá invertir la mayor parte de sus horas. Ellos le entregarán una gran cantidad de negocios por una mínima inversión de tiempo. Esto se debe a que los que integran esta categoría tienen un importante rasgo común. Hace unos años, mientras regresábamos los dos por avión a nuestros hogares en San Diego, me tocó sentarme con un colega que también escribe sobre negocios. Él me comentó que las relaciones comerciales más exitosas comparten una «esencia» común. Tanto usted como el cliente comprenden el propósito de la relación, están de acuerdo en su rumbo, y comparten los mismos valores personales y profesionales para cultivarla. Las relaciones de esta índole rara vez fracasan. La mayoría de las veces, se les debe cortejar y halagar a fin de recibir de ellos el máximo valor. Pero una vez que le han entregado su negocio, la idea es mantener la relación de por vida. Es en ese punto donde su intercambio de tiempo se convierte en un negocio altamente lucrativo.

PARA OBTENER EL MÁXIMO VALOR POR SU TIEMPO

Una vez que usted entiende quienes ameritan su tiempo y empieza a procurar solamente a estos tipos de clientes, hay cuatro estrategias que necesita mantener a fin de maximizar el valor de su tiempo de prospección.[3]

1. *Califique a sus prospectos antes de trabajar con ellos.* Tal vez usted está trabajando a partir de un listado de pistas ya precalificadas, pero no es de eso que estoy hablando aquí. Cuando digo «califique a sus prospectos antes», quiero decir que usted debe determinar, antes de llamarlas, si las personas a quienes va a llamar ameritan una inversión de su tiempo. Esto podría implicar que ponga a un lado la lista de su compañía e inicie una propia. Usted dispone de recursos que tal vez ni siquiera conoce, y sé que es inteligente, porque ha comprado este libro. Para comenzar a hacer una lista de prospectos calificados hágase la siguiente pregunta: ¿A quién conozco yo que conozca a quien yo

necesito conocer? Toda lista de prospección debe comenzar con esa interrogante. Mi hermano Jeff es un planificador financiero de éxito. Durante años nunca me pidió referencias. Entonces un día nos reunimos y hablamos de su negocio. No sólo le recordé esta verdad, sino que ingeniamos diferentes formas para que yo pudiera referirle algunos clientes. En menos de una semana, él estaba haciendo negocios con el mejor vendedor de la concesionaria donde compro mis automóviles. Usted se sorprendería si supiera la cantidad de prospectos con los cuales tiene alguna conexión. Y recuerde que los clientes existentes y los amigos son muchas veces el mejor recurso para encontrar prospectos nuevos.

2. Nunca llame inesperadamente a un prospecto. Un colega llamado John me dio este consejo cuando empezaba mi carrera de vendedor, y desde entonces siempre lo he tenido presente. Él me hizo entender que nunca debo llamar a un prospecto que no esté esperando mi llamada o no esté impaciente por hablar conmigo. En otras palabras, si mis prospectos no saben quien soy o por qué deseo hablar con ellos, estaría perdiendo mi tiempo intentando venderles algo, y lo mismo le ocurriría a usted. Hay muchas formas de romper el hielo con un prospecto antes de llamarle, pero según mi experiencia, éstas son las que mejor funcionan:

♦ Envíe una carta de aproximación con valor agregado que despierte curiosidad y haga que le recuerden.

♦ Haga que un amigo común o colega le presente por teléfono o en persona.

♦ Haga que un amigo común o colega arregle una reunión.

3. Corte sus vínculos con clientes que malgastan su tiempo. Esto incluye a los prospectos que exigen mucho mantenimiento. Si usted encuentra que ya está invirtiendo tiempo en alguien que se ajusta a esa descripción, necesita cortar esos vínculos de manera profesional y con integridad. Utilice un guión similar al siguiente:

Señorita Jones: He dedicado algún tiempo a evaluar mi negocio, y he llegado a la conclusión de que no puedo ofrecerle el nivel de servicio que usted desea de sus relaciones con vendedores. En lugar de modificar todo mi sistema, deseo darle las gracias por sus encargos y alentarle a encontrar un proveedor que pueda servirle como usted desea ser servida.

Sé que decir esto a un cliente despertará temores en algunos de ustedes, y eso es perfectamente comprensible. No es fácil poner fin a una relación comercial improductiva, porque a nadie le gusta la confrontación. Pero usted debe comprender que si desea seriamente maximizar el tiempo que ha liberado, tendrá que intercambiar su tiempo solamente con los mejores clientes, y esto puede requerir que deje de hacerlo con los que malgastan su tiempo y entregan pocos negocios a cambio. La razón de que Tim, ex operador involuntario de fax, sólo tiene que trabajar 80 días al año mientras ingresa toneladas de dinero, es que concentra su tiempo en servir las necesidades de apenas 12 clientes que le garantizan toda la repetición de órdenes y las referencias que desea. Las relaciones escasas, pero profundas, son más valiosas y consumen menos tiempo que las muchas relaciones con escasa profundidad.

Las relaciones escasas, pero profundas, son más valiosas y consumen menos tiempo que las muchas relaciones con escasa profundidad.

4. Procure la transición de sus relaciones a asociaciones. La mayoría de los vendedores no tienen idea de cuánto vale una relación a largo plazo con un cliente, por tanto, invierten típicamente más tiempo en nuevos contactos en lugar de hacerlo con los ya existentes, pero ese tipo de intercambio no vale de mucho Thomas lo sabe, y por eso es uno de los mejores vendedores profesionales que he conocido. Él trabaja con Fletcher Jones Motor Cars en Newport Beach, California. Yo viajo 90 minutos hasta allí, aunque por el camino paso frente a seis concesionarias que venden los mismos autos, para poner mis necesidades en manos de Thomas. ¿Por qué lo hago? Porque él conoce el valor de un cliente vitalicio, y se esfuerza para que yo regrese. Me encanta que me llame para mi cumpleaños, y las postales que me envía desde el extranjero me demuestran su aprecio. Cuando me envía fotos de los modelos que están por salir al mercado me entusiasma. En pocas palabras, lo tengo presente. He aquí algunas de las cosas que Thomas conoce bien:

El mejor cliente comprador de automóviles	
A. La comisión promedio	$1.000
B. Números de ventas por comprador cada tres años	1/3
C. Ingreso anual (A x B)	$330
D. Ciclo vital del cliente	20 años
E. Valor del cliente durante su ciclo vital (C x D)	$6.600
F. Promedio de referencias anuales del cliente	4
G. Valor de las referencias anuales del cliente	$1.320
H. Ganancias si todos los contactos compran y se alcanza el ciclo de vida	$26.400
Valor vitalicio de un cliente comprador de automóviles (E + H)	**$33.000**

Tal vez usted vea lo anterior y piense: ¿Y dónde está la ventaja? No es tanto lo que se pierde. Pero, ¿y si usted se perdiera este valor con todos los clientes, por andar ocupado tratando de asegurar nuevos negocios? Entonces, ¿cuánto perdería? Se lo voy a decir. Si dejara de profundizar la relación sólo con 10 clientes en un año, en 20 años perdería 330.000 dólares. Y si dejara de hacerlo con, digamos 200 clientes en el curso de un año, eso equivale a 6.6 millones de dólares perdidos o $330.000 dólares al año. Si desea jubilarse temprano—o al menos contar con esa opción—no querrá perderse el valor total de sus clientes. Cierto, son cifras considerables. Pero para ser franco, son realistas. Eche un vistazo a lo que gana el mejor vendedor de su industria y vea si eso no le convence de que hay mucho dinero por ganar si usted sabe ganárselo.

El tiempo más valioso que puede intercambiar no está en buscar constantemente nuevos negocios, sino en profundizar sus relaciones con sus clientes actuales. Hace unos años, una vendedora de mi equipo, llamada Linda, empezó a aplicar esta filosofía, y ahora tiene un cliente que le reporta alrededor de 750.000 dólares *mensuales* por concepto de ventas ¿Cree usted que ella preferiría tratar con cinco clientes diferentes para obtener el mismo retorno? Para alcanzar un éxito extraordinario se necesitan los compradores idóneos.

No quiero que piense que le estoy aconsejando no buscar nunca prospectos nuevos. Lo que quiero que comprenda es que la prospección no es la *mejor* inversión de su tiempo, y que los vendedores de más éxito—aquellos que invierten la menor cantidad de sus horas a cambio de la mayor cantidad de dinero—son los que han hecho una transición, de una empresa basada en la adquisición, a otra basada en la retención; y que sólo invierte tiempo en prospectos cuando...

♦ entra en un nuevo mercado,

♦ está ampliando su negocio, o

♦ está sustituyendo los clientes que han completado su ciclo o se han ido.

Una vez que usted conoce bien a sus clientes y ha cimentado una confianza en ellos, la transición a asociaciones basadas en la retención no será difícil; de hecho, en la mayoría de los casos los clientes acogen de buen grado el cambio, pues para ellos representa un mayor beneficio.

Dicho esto, hay cuatro pasos indispensables para convertir a sus clientes en asociados vitalicios:

1. *Haga un inventario.* ¿Quiénes son sus mejores clientes? ¿Quién le proporciona el mayor retorno en pedidos por su tiempo? ¿Quiénes son los «acompañantes», clientes que le proporcionan negocios pero no con tanta frecuencia ni tanto como los mejores entre sus regulares? ¿Y cuáles de sus clientes no dan la talla? Clasifíquelos según su nivel de importancia en tres categorías; la cantidad de clientes en el nivel superior generará el 60 por ciento de sus ingresos; los del segundo nivel aportaran un 20

por ciento, y los del tercero, otro 20 por ciento. Si usted tiene actualmente veinte clientes, he aquí cómo debe verse el cuadro

Clasificación de clientes	por ciento de sus ingresos totales	# de clientes
Clientes muy importantes	60%	4
Nivel Premier	20%	6
Nivel Regular	20%	10

2. Determine la cantidad de tiempo que invertirá regularmente en sus tres niveles de clientes. Es importante que usted asuma activamente el intercambio de su tiempo con clientes existentes, porque a la larga aliviará su necesidad de trabajar con prospectos. Esto le mantendrá constantemente en control de su río. El Principio Pareto sugiere que alrededor del 80 por ciento de su negocio proviene del 20 por ciento integrado por sus mejores clientes; en este ejemplo, eso se traduce como los mejores diez. Por tanto, parece lo más sensato que usted invierta el 80 por ciento de su tiempo en esos diez y destine el 20 por ciento restante a los que ocupan el nivel regular, en un esfuerzo para, con el tiempo, hacerlos escalar a un nivel superior. Utilizando el ejemplo de arriba, si tomamos las cuatro horas diarias que hemos liberado tras construir su dique, su estrategia se detallará así:

Clasificación	% de ingresos	# de clientes	$ reinvertido	% de tiempo a invertir
Muy importantes	60%	4	15% del ingreso	60% (144 min/día)
Premier	20%	6	10% del ingreso	20% (48 min/día)
Regular	20%	10	5% del ingreso	20% (48 min/día)

Comprendo que quizás el tiempo a invertir asignado para cada día no parece mucho, pero tiene que darse cuenta de que no lo empleará en todos los clientes todos los días. La idea es establecer un calendario regular de contactos que le indique con quién invertirá su tiempo cada día, semana, o mes.

3. *Determine su plan de contacto anual.* Distribuya sus contactos con los clientes estratégicamente de modo que pueda promover relaciones más profundas que le conduzcan a una corriente continua de negocios referidos o por repetición. Usted puede crear su propio calendario basado en el volumen de prospección que necesite hacer y su cantidad actual de compradores, pero a modo general, éstos son los parámetros que sugiero para mantener contactos regulares con cada nivel (sería mejor si estas reuniones fueran informales y tuvieran lugar lejos de la oficina, en un restaurante o café):

♦ En los clientes muy importantes, usted debe invertir un mínimo de dos horas cada mes en contactos telefónicos o cara a cara, para dar forma a los objetivos de su asociación y evaluarlos, así como profundizar la relación. Personalmente llamo cada mes a 200 de nuestros mejores clientes.

♦ En los clientes Premier usted debe invertir dos horas cada trimestre en una reunión cara a cara y otras cinco reuniones de 30 minutos (telefónicas o cara a cara) a lo largo del año.

♦ En los clientes regulares, debe invertir dos horas en una reunión cara a cara una vez al año para discutir los objetivos de la asociación, y luego una de 30 minutos en cada trimestre, bien en reuniones informales telefónicas o cara a cara.

La meta de su calendario de contactos regulares es cultivar sus relaciones en cada nivel, de modo que eventualmente esté recibiendo de manera constante negocios repetidos o referidos de cada cliente. Debe observarse que estas inversiones planificadas de tiempo no incluyen las llamadas o reuniones necesarias para discutir los referidos y las ventas; éstas las debe programar según se presenten, permitiendo que reemplacen al tiempo de prospección.

Con cuatro horas diarias a invertir en los clientes existentes (y cuatro horas más que se utilizarán en las comunicaciones y el papeleo necesarios), tendrá suficiente tiempo para hacer lo que necesite.

Recuerde que si todavía necesita invertir algún tiempo en prospección en este punto de su carrera (muchos de ustedes lo necesitan), debe insertar a los prospectos en los niveles inferiores hasta que cuente con suficientes clientes que ocupen todo su tiempo. Cuídese de descansar en la prospección por un tiempo muy largo: llegará un punto en el que tendrá que abandonar ese biberón y depender de su sistema de asociaciones para obtener negocios. Créame, la retención de clientes es una inversión mucho mejor de su tiempo para mantener su éxito que tratar de depender de las adquisiciones. La fórmula básica para trascender la prospección consiste en invertir el tiempo diario programado con los clientes actuales y sus referidos, e invertir cualquier tiempo residual en la prospección hasta que esté obteniendo suficientes negocios de clientes actuales para ocupar todo su tiempo.

4. Por último, exponga su visión a sus clientes. Obviamente, para que esto funcione, se necesita que las dos partes estén leyendo la misma página. Programe reuniones individuales cara a cara (pueden ser invitaciones a almorzar o a tomar un café) y durante el encuentro asuma el siguiente enfoque:

♦ Primero: hágales saber cuánto aprecia su fidelidad, así como su deseo de continuar sirviendo sus necesidades mediante el desarrollo de una asociación mutuamente beneficiosa.

♦ Segundo: exponga cómo espera agregarles valor, contando siempre con su dirección.

♦ Tercero: pídales que le ayuden a determinar cómo pueden entre los dos integrar una asociación mutuamente beneficiosa basada en las especificaciones de lo que ellos recibirán de usted y usted de ellos.

Tenga presente que si usted ha estado tratando deficientemente a sus clientes, esto no será bien recibido de inmediato. Si ése fuera el caso, en lugar de tratar de presionarles a sostener dicha reunión, muéstreles sus intenciones invirtiendo en ellos su tiempo durante dos meses sin pedir nada a cambio. Luego, cuando haya cimentado más la confianza, pase a programar una reunión de planeamiento de la asociación mutua.

UNA TRAVESÍA MÁS PLACENTERA

Cuando mi coautor, Brent, estaba aprendiendo a guiar balsas, me decía que odiaba hacerlo cuando la embarcación estaba llena de personas. Eso incrementaba la presión sobre él, y exponía más sus errores. Pero en la medida en que fue aprendiendo y ganando confianza, Brent comprendió que las mejores travesías eran las que hacía con la balsa llena. Más sonrisas, más risas y más balseros satisfechos significaban para él más diversión y realización. Y además, cuando a bordo iban las personas idóneas—las que estaban allí para tener una experiencia inolvidable—guiar era mucho más fácil.

Entiendo que todo esto—o una gran parte—puede ser nuevo para usted. Pero no se deje abrumar ni coaccionar. Estos pasos son fáciles de implementar y mantener una vez que los ha interiorizado. Como en la experiencia de Brent guiando balsas en el Klamath, al principio puede que no se sienta confiado, y eso es muy normal. Pero una vez que llegue a un sitio en el que usted y todos sus clientes estén a bordo de la misma balsa, su travesía río abajo asumirá un nuevo significado y ofrecerá un potencial mucho mayor. De hecho, si usted mantiene su dique y aplica las estrategias que hemos expuesto hasta ahora, ocurrirán tres cosas:

♦ Tendrá menos clientes, pero más ingresos.

♦ Será más productivo en menos tiempo.

♦ Las cuotas dejarán de asustarle.

Cuando usted empieza a invertir tiempo en las tareas y las personas idóneas, pronto se percatará de que ocho horas diarias es tiempo más que suficiente para mantener un alto nivel de éxito. Lo sé porque muchos de mis clientes son prueba viva de ello. La gran mayoría trabaja un promedio de 30 a 40 horas semanales y toman entre 6 y 20 (como Tim, el operador de fax) semanas de vacaciones al año.

Cuando uno entiende cómo invertir su tiempo y con quién, la profesión de vendedor no tiene por qué inundar sus días y asfixiar las cosas más importantes de su vida. En realidad, con las estrategias correctas, su carrera de vendedor puede ser el catalizador que le ayude a crear el tipo de vida que quizás ya había descartado.

Ahora ya tiene las herramientas y el entrenamiento para lograrlo. Una vez que haya construido las barreras que hemos aconsejado y haya hecho un esfuerzo por evaluar las actividades que ocupan su tiempo productivo, estará listo para triunfar. Ahora quedan sólo dos cosas que pueden frenar su avance río abajo: el fracaso y el éxito.

Hablemos primero del fracaso.

La mayoría de los vendedores intercambian su tiempo por un retorno muy pobre, lo que se debe muchas veces a ese estándar de ventas a menudo irracional e ineficiente al que llamamos cuota. Como las cuotas nos llevan a la tentación de utilizar tácticas rápidas de venta, suelen actuar en forma contraproducente para nuestro tiempo. Por ejemplo:

♦ Las cuotas pueden incrementar su ritmo, pero reducen su concentración.

♦ Las cuotas pueden redoblar su actividad, pero afectan su valoración.

♦ Las cuotas pueden incrementar su exposición, pero reducen su efectividad.

♦ Las cuotas pueden incrementar sus retornos a corto plazo, pero reducen su confiabilidad a largo plazo.

♦ Las cuotas pueden incrementar su producción a corto plazo, pero reducen sus utilidades a largo plazo.

El problema con una estrategia de ventas que descanse en cumplir una cuota es que puede llevarle a pensar que la cantidad de ventas es el factor más importante del éxito. Esto muchas veces le motiva a ignorar la calidad de sus clientes, lo cual reduce significativamente el valor de su tiempo a largo plazo. Eliminar el lastre consumidor de tiempo de una cuota requiere que usted produzca más negocios en la misma cantidad de horas que trabaja actualmente o, de manera ideal, en menos tiempo.

La mayoría de los gurús de la «administración del tiempo» sólo le muestran cómo conseguir un retorno mayor por su tiempo enseñándole el arte de la organización y la concentración, que por naturaleza reduce la cantidad de horas que usted debe trabajar para producir un ingreso similar. Es un paso, pero no el más efectivo. Una mejor manera de eliminar el lastre de las cuotas es incrementar el valor de lo que usted recibe por su tiempo: intercambiar su tiempo por un cliente más valioso.

Una vez que usted comprenda quiénes valen su tiempo y se limite a trabajar con esos clientes, hay cuatro estrategias que le ayudarán a maximizar el valor del tiempo que dedica a vender:

1. Califique a sus prospectos antes de trabajar con ellos.
2. Nunca llame inesperadamente a un prospecto.
3. Corte sus vínculos con los clientes que le hacen malgastar su tiempo.
4. Convierta en asociaciones sus relaciones con los clientes.

Aplicar estas estrategias resultará en más ingresos con menos clientela, más productividad en menos tiempo, y la eliminación de la presión de las cuotas.

Capítulo Ocho

La trampa del fracaso

Perder el tiempo preocupados por el ayer

Cuando te llegue la derrota, acéptala como una señal de que tus planes no eran buenos; rehazlos, y pon de nuevo proa hacia tu meta anhelada.

—NAPOLEAN HILL

El fracaso debe ser nuestro maestro, no nuestro sepulturero. El fracaso es una demora, no la derrota. Es un desvío temporal, no un callejón sin salida.

—WILLIAM WARD

En cada uno de mis seminarios por lo menos media docena de personas se me acercan para admitir cuánto sienten haber malgastado tanto tiempo. Muchos lo cuantifican, divulgando el número de meses o años desperdiciados. Yo siento por ellos empatía, porque pasé cerca de la mitad de mis primeros diez años como vendedor haciendo, profesional y personalmente, malas elecciones. Trabajaba más de 12 horas al día; abusaba con las drogas y el alcohol de mi cuerpo; comprometía mi integridad por unos dólares; le volví la espalda a mi fe; gastaba dinero para lucirme y dejar por sentado que mientras más gastaba, mejor todavía... creía tenerlo todo, pero estaba equivocado. Imprudentemente, desperdicié más tiempo del que alcanzo a contabilizar.

Cuando contemplo en retrospectiva esos años, a veces me estremece pensar en la clase de hombre y vendedor que fui. Pero eso fue ayer, y no puedo hacer nada para cambiar esa etapa.

Esos años están cincelados en mi historia personal y no pueden ser reescritos. La única historia que queda por escribir comienza hoy y terminará cuando Dios quiera, espero que dentro de muchos años.

Es importante que usted comprenda esto, porque el único tiempo que importa hoy... es el hoy. El ahora mismo. Este momento. Hay cosas que uno puede cambiar y cosas que no. El grupo musical Switchfoot escribió una canción sobre este tema, titulada «This is your life», y es un llamado a dejar atrás un tiempo que ya perdimos y a contemplar el que poseemos:

El único tiempo que importa hoy... es el hoy.

El ayer es una arruga en tu frente

El ayer es una promesa que incumpliste

No cierres tus ojos, no los cierres

Esta es tu vida y es todo lo que tienes hoy

No cierres tus ojos, no los cierres

Ésta es tu vida, ¿Eres quién quieres ser?

Ésta es tu vida, ¿Eres quién quieres ser?

Ésta es tu vida, ¿Es lo que soñaste que sería

cuando el mundo era joven y tenías todo por perder?[1]

Si fracasos pasados le están haciendo bajar el ritmo, entonces el fracaso es una trampa que nos roba tiempo del hoy. Pero cuando uno reconoce que el único tiempo en el que puede influir es el momento que está viviendo ahora, el fracaso asume un significado diferente.

Tomando un préstamo de mi amigo John Maxwell, mis probabilidades de fracasar han disminuido inmensamente después de que he establecido *Mis Doce* para cada día. Cada mañana los repaso para que me ayuden a tomar perspectiva y a incrementar mis probabilidades de éxito. Aquí están:

Mi fe me da paz
Mi familia me da armonía y estabilidad
Mi forma física me da resistencia y energía
Mis amigos me dan consejo y consuelo
Mis finanzas me dan opciones
Mi futuro me da dirección
Mi concentración me permite crecer
Mis sentimientos dan forma a mi actitud
Mi libertad me da alternativas
Mis diversiones me renuevan
Mi realización me llena de gozo

Adiós al viejo yo

Sé que a estas alturas del libro, usted debe estar contemplando su carrera—incluso su vida—y pensando: *No puedo creer que haya perdido tanto tiempo. No puedo creer que dejara que las cosas tomaran este camino... Debí haber hecho esto... Tengo que dejar de hacer eso.* Una de mis pupilas se encontraba en este mismo punto al terminar la primera jornada de uno de mis seminarios de tres días. Ella no durmió esa noche para escribir a mano un documento de ocho páginas que tituló «Adiós a mí». He aquí algunos extractos de su carta:

17 de junio de 2004

Me siento hoy tan en el fondo que sólo puedo ir hacia arriba. El lunes pasado mi jefe me hizo una advertencia verbal para que cambiara o sería despedida ¿Hay circunstancias difíciles en mi vida? Sí... he abandonado muchas cosas: mi negocio, mi familia, mi Cristo, mis valores ¿Dónde estaba yo? Mi esposo se fue... pero yo apreté el botón... Le dije que nunca lo había amado. Pero sé que sí lo amé. Él fue mi primer amor verdadero; vivimos tantas cosas juntos. Él ya no quería progresar... y empezó a mostrarse indiferente... creo que yo también le abandoné. Al principio me sentía enojada. Desilusionada. Incluso albergaba resentimiento...

No he sido feliz en muchos años—no sé cuántos, quizás tres... los últimos dos años he estado escribiendo mi plan de vida. Me pregunto si algún otro gerente de ventas se ha sentido más frustrado que el mío, pues él me conoce y conoce mi potencial. He estado haciendo promesas, demasiadas promesas, a mis hijos, mi familia, a mí misma; y cada día las incumplo.

Esto le hace a uno entender: «Muy bien, me he estado engañando a mí misma muchos años pese a que contaba con las herramientas para hacer todo correctamente. Olvidemos las razones; olvidemos las excusas. Sencillamente no estaba lista para triunfar».

Esta tarde la mayoría de los presentes trabajaban en su declaración de misión... yo, en lugar de eso, quería decir adiós a una vida vivida por accidente y reacción. No ha sido muy divertida; ha sido triste, frustrante, temible. Deseo decir adiós a la mujer que se avergüenza de ir a la iglesia el domingo porque va sola con sus dos hijos; la que no programa citas con el médico porque para ella su salud no es una prioridad. Deseo permitirme llorar para poder crecer... deseo darle un valor a mi tiempo...

Mi propósito al escribir esta carta es decir adiós a todas aquellas cosas y actos que no me han permitido alcanzar en la vida mi pleno potencial... Adiós al viejo yo.

Lo que mi clienta llegó a comprender aquel día es que, a pesar de todos sus fracasos y reveses, el tiempo continuaba avanzando, y que también ella debía hacerlo si es que deseaba empezar a trabajar y a vivir como quería. Es una lección que muchos de nosotros debemos aprender, por más dura que sea.

Imagino que usted también recuerda algún tiempo mal empleado que quisiera olvidar, especialmente después de leer este libro. Quizás es hora de que diga adiós al viejo yo, renuncie al tiempo que nunca podrá cambiar, y empiece a entregarse plenamente al que todavía posee.

La paradoja del fracaso

Para superar el fracaso se nos ha enseñado a ser persistentes... a tomar iniciativas... a ser agresivos... persistir para eventualmente poder ganar la confianza que necesitamos a fin de triunfar con más frecuencia. Pero lo cierto es que para superar el fracaso hace falta algo más que una capacidad para evitar o ignorar los reveses. Hace falta perspectiva. En todas las profesiones inevitablemente se cometen errores, pero en especial en la de vendedor. Lo sé, porque como vendedor cometí los míos. Una vez olvidé enviar a tiempo unos papeles importantes a una clienta, y ella me llamó para descargarme su frustración. Pude haberme detenido en el primer error, pero estaba impulsado. En lugar de disculparme y tratar de mejorar la situación, me puse a la defensiva. Rápidamente (y de forma muy comprensible) la frustración de ella se convirtió en ira. Me hizo saber que me estaba comportando terriblemente y amenazó con llevarse sus negocios a otra parte. Le dije que lo hiciera; que de todos modos no los necesitaba. Me colgó el teléfono y cumplió su amenaza. Pero las consecuencias no pararon ahí. En menos de una semana, otros cuatro clientes me comunicaron que ya no les era necesario. La noticia sobre mi actitud se había propagado, y no les gustó lo que escucharon. Al final, en lugar de perder mi orgullo y mi ego, perdí cinco clientes y una tonelada de futuros negocios.

Los vendedores son seres humanos, lo que quiere decir que no somos infalibles. Cometeremos errores, y no necesitamos que nadie nos ayude. Pero de cualquier modo tenemos ayuda. Estamos todo el tiempo alrededor de otras personas que tampoco son infalibles. Y no sólo a su alrededor, sino frente a ellos, y conversando con ellos, y en sus billeteras y monederos, y a veces en sus vidas personales. Para pesar de algunos, vender no es una empresa individualista. No hay muchos trabajos que lo sean. La profesión de vendedor consta de vendedores imperfectos que ofrecen productos imperfectos a clientes imperfectos. Es un terreno propicio para los errores, y muchos de nosotros somos harto fértiles.

No pretendo echar luz sobre las formas en que usted ha fracasado. Algunos de sus errores pueden haber sido costosos;

puede haber malgastado años de su vida. Los errores pueden ser incluso dolorosos, y eso también lo entiendo. No hace muchos años tomé una mala decisión en torno a una asociación empresarial que estuvo a punto de llevar mi compañía a la bancarrota, y eso agrió todo lo demás en mi vida. Después de dedicar años a que mi negocio prosperara, en cuestión de minutos me sentí cerca del fondo. Las olas de aquel error tardaron años en calmarse. Pero he seguido adelante. Desde entonces ha habido también otros errores, aunque, gracias a Dios, con resultados menos onerosos. Lo que quiero que vea es que nadie triunfa en sus negocios sin fracasar. Para usar una frase tomada del billar, nadie manda en la mesa. Todos fracasamos, hasta los mejores.

UNA PERSPECTIVA MÁS EFICIENTE

Cuando le preguntaron acerca de una derrota inesperada, la campeona de tenis Chris Evert Lloyd dijo: «Si gano muchos torneos seguidos, me confío tanto que me siento en las nubes. Una derrota me despierta de nuevo el ansia de ganar». Ella comprende que el fracaso tiene un lado positivo. Muchos de nosotros, los vendedores, no comprendemos esta paradoja del fracaso.

La progresión emocional de una persona en respuesta al fracaso suele ser algo así:

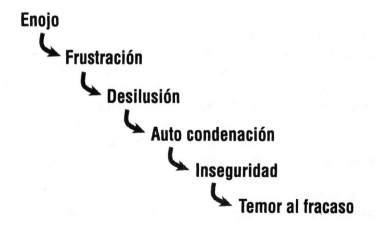

Enojo
↳ **Frustración**
  ↳ **Desilusión**
    ↳ **Auto condenación**
      ↳ **Inseguridad**
        ↳ **Temor al fracaso**

Al principio de una carrera en el campo de las ventas, es fácil mantener un alto nivel de entusiasmo y optimismo. En algunos puede mantenerse un par de años, a pesar de los reveses. Una actitud decidida mantiene sus esperanzas aun si sus empleos están colgando de un hilo. En ese tiempo las emociones negativas que ocupan el lugar más bajo de la escala anterior existen (culpa, inseguridad y temor al fracaso), pero el entusiasmo y el optimismo las enmascaran.

Pero eso puede cambiar con el tiempo. Al cabo de múltiples fracasos, el entusiasmo empieza a desvanecerse (todos sabemos que así sucede) y el optimismo se diluye en incertidumbre. En pocas palabras: cuando fracasan, los vendedores empiezan a experimentar toda la gama de las emociones. Y si no hacen nada por mejorar esta situación, la progresión de su respuesta emocional se trunca muchas veces en un esfuerzo subconsciente por amortiguar el golpe.

Auto condenación
↳ **Inseguridad**
↳ **Temor**

Sin embargo, lo cierto es que los golpes que asesta el fracaso sólo pueden empeorar. Cada una de las tres emociones anteriores es magnificada hasta que el vendedor se paraliza, temeroso de emprender cualquier acción que pueda resultar en una derrota.

Auto condenación
↳ **Inseguridad**
↳ **Temor**
↳ **Inactividad**

143

Es precisamente por esto que a nadie le gusta hacer llamadas en frío. Sí, al principio es un reto, pero una vez que usted ha llamado a varias decenas de desconocidos y la mitad le ha colgado el teléfono, y la otra mitad le ha dicho que no está interesada, se empiezan a perder las esperanzas. Al principio puede que uno sólo se sienta renuente a llamar. A nadie le gusta llamar a extraños y ofrecerles algo que posiblemente no quieran ni necesiten. Pero al cabo de un tiempo, la inseguridad y el temor se afianzan, y usted empieza a buscar la forma de sabotear las llamadas para no sentirse tan mal consigo mismo. Quizás inicie su conversación diciendo: «Siento molestarle, pero...», o «Sé que probablemente no está interesado, pero...» Puede incluso inflar el número de llamadas que le dirá a su jefe que ha hecho. Tarde o temprano, para conservar su empleo, averigua quiénes son los prospectos fáciles—los que no le harán sentir estúpido, o a quienes pueda manipular fácilmente—y entonces empieza a llamarles solamente a ellos. Al final, aunque parezca aliviar sus ansiedades, todo lo que esto consigue es aplazar lo inevitable: una baja productividad y muchas horas de trabajo para conseguir, a lo sumo, un éxito mediocre. Es un destino que sufren muchos vendedores. De hecho, por esta misma razón es que hay tantas renuncias en la industria de las ventas.

Por otra parte, los vendedores que poseen una perspectiva sana del fracaso no permiten que sus emociones vayan más allá de la desilusión. Una vez que han enfrentado la realidad del fracaso ajustan su actitud y, con determinación, emprenden las acciones necesarias para aprender de sus errores y seguir adelante, con una práctica mejorada. Al final, estos vendedores acaban en mejor posición que donde comenzaron.

Como ve, la paradoja del fracaso es que a pesar de que no es la ruta más productiva que podemos tomar, muchas veces es el maestro más eficiente que podemos tener.

La eficiencia del fracaso

En nuestra carrera es muy fácil acomodarse. Como las ventas representan retos, muchas veces aceptamos una rutina en la cual decimos y hacemos las mismas cosas de la misma manera a fin de conseguir el mismo nivel de éxito... o buscando la mejor forma de evitar el fracaso.

No sé cómo sería su situación antes de tomar este libro en sus manos, pero tengo el presentimiento de que usted se enfrentó a algunos fracasos pasados en las páginas precedentes. Sin duda ha comprendido en qué formas está siendo improductivo, y estoy seguro de que ha sido frustrante. Pero al conducirle por esta ruta a la liberación de su tiempo, no intento atraerle a otra trampa, mostrándole sus fracasos para luego dejarle con ellos.

Comprendo que los fracasos pueden paralizarnos a todos. Y la realidad de los suyos expuesta en este libro puede haber hecho mella en su autoestima, o al menos haberle infundido una timidez a llevar a cabo cualquier cambio. Si es así, estoy seguro de que no está solo. Pero debo decirle algo acerca del fracaso: el fracaso nos ayuda a acercarnos un poco más al éxito. Si bien los fracasos nos frenan y, cuando no atendemos sus consecuencias, nos dejan completamente improductivos, la ironía es que a largo plazo pueden acelerarnos si sabemos manejarlos.

La verdad acerca del fracaso es que, aunque nunca representa el uso más provechoso de nuestro tiempo, muchas veces puede incrementar nuestra productividad más rápidamente que cualquier otra cosa. Si se lo percibe correctamente, el fracaso es la herramienta más afilada con que contamos para limar nuestras inconsistencias e ineficiencias.

Si se lo percibe correctamente, el fracaso es la herramienta más afilada con que contamos para limar nuestras inconsistencias e ineficiencias.

Cuando un cliente mío llamado Dave dejó de reunirse con su asesor de ventas, reconoció que había sido principalmente por una razón: el consejero le estaba empujando a dar pasos que a su juicio eran demasiado riesgosos. En los meses siguientes después de que lo despidiera, nada ocurrió. Y cuando digo nada, quiero decir nada diferente. Dave continuó con su negocio de ventas en la misma forma rutinaria de siempre: muchas horas de trabajo y resultados mediocres. No podía comprender cuál era el truco para incrementar su productividad y sus ventas. Entonces, durante un seminario, le hice ver que le tenía temor al fracaso, y que este temor lo estaba anclando. Estaba impidiendo que hiciera las cosas que necesitaba hacer para alcanzar el nivel de éxito que deseaba.

No me malinterprete. Dave no era un vendedor chapucero. En realidad, era muy minucioso y confiable. Pero como muchas personas detallistas, no era capaz de asumir riesgos, ni confiaba en otros para que hicieran su trabajo. Le gustaba tener a sus patos en fila, y saber adónde iba cada uno. Evitaba la incertidumbre. Quería conocer por anticipado todos los factores de la ecuación y la respuesta. Como resultado, había chocado con el límite de su productividad. La única manera en que podía entonces mejorar—le dije—sería asumiendo riesgos. Y aunque era difícil, lo hizo.

El primero que corrió fue volver a contratar a su asesor. El segundo fue mucho más difícil. Debía contratar a un ayudante. Durante años, Dave lo había estado haciendo todo solo, braceando por evitar el fracaso. Lo que no entendía es que solamente estaba prolongando sus efectos. Con renuencia, Dave aceptó correr el riesgo. Hizo, como era típico en él, un minucioso trabajo de prospección de candidatos y los entrevistó para la plaza recién creada. Por último contrató a alguien que le pareció ideal. Desafortunadamente, no lo era. Al cabo de un mes estaba claro que tendría que contratar a otra persona. Dave se enojó. Había corrido un riesgo, y, como lo esperaba, se había quemado. Fue difícil, pero con algunos estímulos lo intentó de nuevo. Mediante el proceso de entrevistas evaluó a otros candidatos, y contrató a una nueva ayudante. Y ¿sabe qué? A ella le gustó tanto el trabajo que decidió solicitar la plaza de vendedora, dejando a Dave una vez más sin ayudante. Pero en lugar de cocinarse en la salsa del cumplimiento de su profecía, Dave rehusó darse por vencido. Para entonces ya conocía el aporte de una ayudante, e inmediatamente contrató a otra, la tercera en unos meses. Pero esta vez encontró a la perfecta. Si la historia terminara aquí, la lección sería sencilla: no permita que el temor al fracaso le mantenga apocado. Pero recuerde que estamos hablando de tiempo, y la historia de Dave tiene un final aún más feliz. Es cierto que debido a que él aceptó correr el riesgo que necesitaba—debió correrlo tres veces—consiguió superar su temor al fracaso. Su caso es un testimonio magnífico de valor y persistencia. Pero el mejor testimonio sobre el cambio de percepción de Dave es que el incremento de su tiempo libre le permitió duplicar su productividad. Aunque eso fue solamente el primer año. Al final del segundo año ya con una ayudante, sus ingresos habían explosionado hasta un 500 por ciento.

Huelga decir que existen ciertos riesgos que vale la pena correr.

La perspectiva productiva

Los únicos que leen este libro—gente como usted—son aquellos que esperan al menos hallar una vía mejor, que desean mejorar aun si les está yendo bien. Algunos ya han reconocido sus fracasos antes de empezar a leer y están simplemente buscando consejo. Otros los han identificado a través de estas páginas. Los únicos que no leen este libro son aquellos demasiado tercos para admitir la poca productividad de su tiempo, o demasiado obtusos para preocuparse por ella ¿Quiénes cree que son más improductivos? ¿Aquéllos que han procurado reconocer sus ineficiencias y mejorar? ¿O los que todavía justifican sus largas jornadas de trabajo?

La respuesta es obvia, y se debe a que quienes son lo bastante valientes para enfrentar sus fracasos comprenden que para alcanzar el éxito—para incrementar continuamente su productividad—hay que correr el riesgo de fracasar. Comprar este libro fue un riesgo, que espero considere valió la pena correr. Si abrimos bien los ojos, empezaremos a ver que el riesgo constituye la esencia misma de cualquier cosa que valga la pena tener. Y eso incluye el disponer de más libertad con nuestro tiempo.

Eche un vistazo a las diferencias entre quienes corren riesgos y quienes los crean, y por cada descripción pregúntese: ¿Qué haría esto por mí: ahorrar mi tiempo o robármelo?

El corredor de riesgos	El creador de riesgos
Persigue sueños	Aplaca los sueños
Aspira a un mayor éxito	Aspira a mayor seguridad
Es valiente	Es cauteloso
Piensa en triunfar	Piensa en no fracasar
Es un pionero	Va despacio
Es resistente	Es renuente
Es tenaz	Es tímido

Las diferencias entre ambos tipos son muchas, pero la esencia de su disparidad radica en la definición de cada uno. Uno corre riesgos porque comprende que es la única manera de crear mayor productividad. El otro crea riesgos al eludir el fracaso, y así permanece improductivo e incrementa las probabilidades de lamentarlo más adelante.

En los siete capítulos anteriores, le he pedido que delegue algunas tareas que tal vez le resulte difícil delegar. También, le aconsejé levantar alrededor de su tiempo laboral algunas barreras que sacudirían su rutina. Le pedí que rompiera con algunos hábitos improductivos. En pocas palabras, le he pedido correr algunos riesgos en su carrera que bien podrían asustarle o inducirle a no hacer nada. Pero quiero que se dé cuenta de que el riesgo de fracasar no es razón para dudar de la necesidad de dar estos pasos. En realidad todo el proceso de enseñanza de este libro ha estado utilizando el fracaso como una forma de entrenamiento para que pueda triunfar.

Hemos estado cautivos en trampas que cuestan tiempo; nos hemos estancado en rutinas que lo consumen. Pero en lugar de cocinarnos en la salsa de nuestros fracasos, les hemos permitido que nos enseñen cómo mejorar. Lo único que queda por hacer es poner en práctica lo que hemos aprendido. Creo que usted ya ha comenzado a hacerlo.

Tres riesgos que vale la pena correr

Considero los siguientes los tres riesgos de la carrera de vendedor que más ameritan que nos aventuremos a correrlos. Los comparto aquí con usted porque no sólo está enfrentando ahora la decisión de correrlos, sino que continuará enfrentándolos después que haya hecho los cambios que hemos sugerido, y no quiero que el fracaso le impida aprovechar exitosamente su tiempo.

Cierto, son riesgos que llevan en sí una semilla de fracaso pero, con la perspectiva correcta, usted nunca volverá a ser la persona improductiva y estancada que era antes.

1. Desarrolle una visión imposible. El escritor y poeta T.S. Eliot escribió: «Sólo aquellos que se arriesgan a ir demasiado lejos son capaces de saber cuán lejos se puede ir».[2] Eliot nos estaba diciendo que los únicos riesgos que valen la pena correr son aquellos que nos elevan por encima de lo que somos ahora; aquellos que sugieren que recibiremos algo que nunca recibimos. En nuestro caso eso quiere decir tiempo ¿No es de eso de lo que hemos estado hablando? Si desea disponer de más tiempo del que nunca tuvo para vender—y para vivir—deberá romper la rutina. Es menester que conciba una visión imposible de su negocio que incluya estos tres parámetros:

♦ No puede realizarla solo.

♦ Debe inspirar simultáneamente temor y entusiasmo.

♦ Requiere riesgos.

En este punto, aventúrese y sueñe. No se venda por menos de lo que vale. Determine cuán productivo desea ser idealmente y cuán poco desearía idealmente trabajar. No le estoy dando permiso para no ser realista. Como es obvio, usted necesita trabajar más de un día a la semana para conseguir un nivel de éxito decente. Ya sabe lo que quiero decir. Una vez que se haya tomado algún tiempo para soñar, establezca metas de prospección que le permitan alcanzar metas de ventas, lo cual le ayudará a cumplir sus metas de ingresos. Tenga presente que ha liberado un mínimo de cuatro horas diarias para dedicarlas a prospección y ventas, y esto representa un incremento del 167 por ciento en su tiempo productivo, comparado con el promedio nacional en este campo (90 minutos productivos diarios).

Es fácil determinar cuánto más productivo podría ser multiplicando sencillamente las cifras de prospección, ventas, e ingresos del año pasado por 167 por ciento. Según esta fórmula, 50.000 dólares en ingresos se convierten en 83.500 dólares. Si usted aplica todo lo que ha aprendido aquí para solucionar las trampas del tiempo e invierte ocho horas vendiendo, este incremento totalizará 334.000 dólares. Por supuesto, el alza en la productividad no se traduce siempre proporcionalmente en un incremento monetario, pero las proporciones suelen ser simétricas. Además, estoy hablando de establecer metas más allá de eso, metas que no podrá alcanzar a menos que busque ayuda. Créame: contar con una visión como ésta sólo acelerará más su éxito.

2. Rinda cuentas a los demás. En mi libro *Ventas de alta confiabilidad* le llamo a esto la Ley de la Palanca, porque es la mejor manera de maximizar su potencial.[3] Usted tiene a su disposición tres tipos de palanca:

♦ Palanca personal

♦ Palanca asociada

♦ Palanca profesional

Necesita emplearlas en ese orden para amplificar su potencial. Algunas pueden requerir una inversión de su dinero, pero todavía no me he encontrado un vendedor que haya invertido el suyo en instrumentar la rendición de cuentas—financiera o emocional—y que no cosechara luego más de lo que invirtió.

Veamos brevemente en detalle estos tipos de palanca, para que vea cómo puede emplearlos en su carrera.

Palanca personal

Consiste simplemente en establecer su propio tipo de disciplina, que comienza cuando usted ponga por escrito su visión imposible, incluyendo el plazo en que se propone realizarla. Un sueño al que se pone un plazo genera presión positiva. Le estimula a eliminar las excusas y a correr riesgos necesarios y calculados. Es una buena motivación cuando la necesitamos, pero para llegar a donde vamos, necesitamos que la exigencia de responsabilidad no se limite a nosotros mismos.

Palanca asociada

Cuando otra persona le exige que rinda cuentas de su visión y de los pasos que necesita dar para llegar a realizarla, usted obtiene más palanca. Una cosa es ser disciplinado, y otra es contar con algunas personas en su empresa. Para algunos de ustedes tal vez sea un poco incómodo, pero recuerden, se trata de pasos riesgosos, y es necesario darlos si deseamos maximizar nuestro tiempo en el trabajo y fuera de él. La forma más fácil de conseguir palanca asociada es pedir a un amigo íntimo o colega que nos exija responsabilidades. Si la persona está de acuerdo, hágala sentar y preséntele su visión imposible, incluyendo los detalles. Luego, cuando él tenga claro hacia dónde se dirige usted, y comparta su visión, diseñe un sistema por el cual un amigo o colega pueda obligarle a rendir cuentas. Pero no diga simplemente: «Bien, entonces ¿por qué no me preguntas de vez en cuando cómo me va?» Eso no suele ser muy efectivo. Implemente algo más formal, como un almuerzo mensual o un desayuno algún sábado. Tres compañeros de trabajo aplicaron este tipo de palanca en el año 1992. Por entonces les iba bien, pero se dieron cuenta de que esta exigencia de responsabilidad y una competencia amigable no podían sino ayudar. Cinco años después los entrevisté, y cada uno había más que triplicado su productividad, hasta representar individualmente el 65 por ciento de las ganancias de su compañía.

Sin importar quién pueda proveerle su palanca asociada —sea un amigo, un colega, o su cónyuge— lo que es importante recordar es que deben ser personas que tomen en serio las metas suyas y que se sientan realizados con su propia realización.

Palanca profesional

Cada vez que un vendedor se acerca a mí durante un seminario y me presenta sus metas, siempre le pregunto: «¿Y cuándo será eso?» Porque creo que mi obligación como su asesor es exigirle responsabilidad. En muchos casos, los asistentes han pagado de su bolsillo la participación en el evento, así que deseo que cuando se marchen tengan todas las herramientas que necesitan para triunfar. Esto incluye la rendición de cuentas profesional. Me he percatado de que aun cuando una persona posee palanca asociada, es mucho mejor contar con un asesor. Y creo que la razón es que los asesores de ventas pueden ofrecernos una perspectiva fresca sobre nuestro trabajo y, si se lo permiten, también sobre nuestra vida. Algunas veces los amigos están demasiado cerca para detectar en nosotros un hábito o actitud perjudicial. Otras veces, los colegas sienten empatía por nuestros esfuerzos y no pueden ser tan sinceros como necesitamos que sean. Un asesor puede ofrecerle una perspectiva imparcial y franca sobre su carrera y ayudarle a corregir ciertas áreas para que alcance su potencial máximo.

Hasta el día de hoy continúo reuniéndome e intercambiando opiniones de manera regular con un puñado de personas con quienes mantengo diferentes tipos de relación: algunos son amigos, otros, asesores. Cada uno de ellos me exige rendir cuentas sobre diferentes áreas de mi negocio y de mi vida. Puedo decir sin reservas que si no contara con la palanca que me proveen, estaría muy lejos de donde me encuentro hoy. Estaría trabajando más de lo que debo, dedicando a mi familia menos tiempo del que quisiera, y matándome por triunfar. Mis asociados de rendición de cuentas han hecho una enorme diferencia en mi carrera y mi vida, y los suyos también la harán.

3. *Fíjese normas excesivamente exigentes*, de modo que si no las cumple no tenga que afrontar consecuencias mayores. Este es un principio fácil de entender, pero sin duda difícil de mantener. Hace falta agallas. A fin de fijar normas tan elevadas que no

cumplirlas no se convierta en un problema serio, usted debe tener la capacidad para mantener el rumbo en situaciones potencialmente difíciles. Este verano boreal, enfrenté una situación muy difícil en mi familia. Demandaba una gran cantidad de mi tiempo, lo cual afectó drásticamente mi capacidad para rendir en el trabajo. Tuve que volver a programar algunas reuniones e incluso cancelar algunos compromisos que había hecho. Me atrasé también en la redacción de este libro, pero seguí trabajando en él siempre que pude, porque necesitaba ser fiel a mis principios. Y aunque odio entregar tarde un trabajo o tener que cancelar un compromiso, no lamento las decisiones que he tomado para cuidar de mi familia. No puedo reemplazar este tiempo con ellos, pero mi coautor y yo siempre podemos escribir un libro, y siempre puedo tener otra reunión.

Este riesgo particular no se limita a tener una gran integridad; supone también salir de la oficina a diario cuando hemos dicho a nuestros familiares que lo haremos. Comprende el prestar atención a nuestra salud a pesar del trabajo que está por terminar; presentar la misma cara a todos los clientes; decir que no cuando debemos, aunque decir que sí resulte más lucrativo. Y podría seguir. El asunto es que en sus nuevos esfuerzos por triunfar, usted encontrará desafíos que no se le presentaban cuando se esforzaba por ser un mediocre.

El éxito le presenta sus adversarios, y si usted no está preparado para lidiar con ellos, corre el peligro de malgastar el tiempo que ha liberado. Ésta es la última trampa que debemos evitar. La llamo la Trampa de las Fiestas, y podría ser la más peligrosa de todas.

Si sus pasados fracasos pueden frenar su ritmo, entonces el fracaso es una trampa que nos hurta tiempo del hoy. Pero cuando uno reconoce que el único tiempo sobre el cual puede influir es el momento que está viviendo ahora, el fracaso asume un significado totalmente nuevo.

Para superarlo, nos han enseñado a ser persistentes, tomar iniciativas, ser agresivos y tenaces. Con el tiempo adquiriremos la confianza necesaria para triunfar más a menudo. Pero lo cierto es que superar el fracaso exige más que resistencia mental e iniciativa ferviente, más que capacidad para evitar o ignorar nuestros reveses. Superar el fracaso requiere perspectiva.

Los vendedores con una perspectiva sana sobre el fracaso no permiten que sus emociones vayan más allá de la desilusión. Una vez que han enfrentado la realidad de un revés, ajustan su actitud y deciden emprender los pasos necesarios para aprender de sus errores y seguir adelante con una práctica mejorada. A la larga, tales vendedores acaban en mejor posición que cuando empezaron. La paradoja del fracaso es que si bien no es la ruta más productiva, muchas veces es el más eficiente de los pedagogos. Los vendedores más productivos comprenden esto y por ello están dispuestos a correr los riesgos necesarios para triunfar, en lugar de asustarse con la posibilidad de fracasar.

Todo riesgo lleva en sí una semilla de fracaso, pero con la perspectiva correcta, sus fracasos le enseñaran qué riesgos debe correr. Los tres más importantes son:

1. desarrollar una visión imposible;
2. rendir cuentas a los demás; y
3. fijarse normas excesivamente exigentes, de modo que si las que incumple no tenga que afrontar mayores consecuencias.

Cuando uno no teme correr estos tres riesgos, está preparado para alcanzar un nivel de éxito que quizás no creyó nunca posible.

Capítulo Nueve

La trampa de los festejos

Perder el tiempo celebrando el éxito

El éxito nunca es definitivo.

—Winston Churchill

No trate de convertirse en un hombre de éxito: trate de convertirse en un hombre de valores.

—Albert Einstein

Miré yo luego todas las obras que habían hecho mis manos, y el trabajo que tomé para hacerlas; y he aquí, todo era vanidad y aflicción de espíritu, y sin provecho debajo del sol.

—Rey Salomón de Israel

Para celebrar nuestro triunfo, nos fuimos todos a Las Vegas. Representábamos el 10 por ciento de los mejores vendedores de la compañía. Lo merecíamos ¿o no? Tantos años después recuerdo poco de aquel viaje, y me gustaría poder olvidar la mayor parte de lo que sí recuerdo. En aquel tiempo no me había puesto fronteras personales. Estaba consciente de ello, pero no podía cambiarlo: me ahogaba en un cóctel de materialismo y narcisismo. Estaba perdiendo el control de mí mismo con el alcohol y la cocaína. Las Vegas era el último lugar al que debí haber ido, pero fui porque era un momento para celebrar. Después de todo, había descubierto que yo era el mejor vendedor de mi compañía.

Perdí mucho dinero en Las Vegas, pero eso era posible reemplazarlo. Lo que no tenía reemplazo alguno era mi tiempo. Y no sólo aquel fin de semana, sino todos los años que eché por la borda en nombre del éxito. Aquél no fue el único viaje: era apenas uno típico. Hubo más a lo largo de varios años. Aquella primera noche en Las Vegas, bebí suficientes Kamikazes como para que la borrachera me durara toda la vida. Durante varios días estuve regurgitando alcohol. Me ocultaba tras una fachada de placer externo, pero me quemaba un dolor interno. Me sentí inclinado a hacer algo—sabía que me estaba destruyendo—pero por más que lo intentara no podía cambiar. Lo que comenzó como un rato de esparcimiento estaba redefiniendo quién era yo y borrando la persona que yo aspiraba a ser. En esencia, estaba desechando el tiempo que mi éxito había creado.

COME, BEBE Y GÓZATE, PUES MAÑANA...

Usted podría completar la frase. Mañana... moriremos. Según el *Nuevo Diccionario de Ilustración Cultural*, el dicho se originó hace unos 4.000 años cuando Salomón, rey de Israel, escribió lo siguiente:[1]

> He aquí, pues, el bien que yo he visto: que lo bueno es comer y beber, y gozar uno del bien de todo su trabajo con que se fatiga debajo del sol, todos los días de su vida que Dios le ha dado; porque esta es su parte.[2]

Es un pasaje inspirador, como si estuviera diciendo: «¡Ve, vívelo! No te arredres. ¡Sólo se vive una vez, así que diviértete!» Y muchos de nosotros vivimos según tal proclamación. Yo, indudablemente. El problema es que malinterpretamos el significado real de su mensaje.

Para entender lo que significan las palabras de Salomón, usted necesita conocerle un poco mejor.

Salomón fue el primogénito del Rey David, que fuera el segundo rey de Israel, un hombre bendecido por Dios, y que archivó más victorias, y riquezas, y fama que cualquier otro rey antes que él. El padre de Salomón fue el pastorcillo que mató al gigante, a quien Miguel Ángel inmortalizara en mármol. Salomón siguió las huellas grandiosas de su padre. Y al principio lo hizo muy bien. De hecho, retomó lo que él le dejó, y Dios le bendijo aún más. Fue a Salomón a quien Dios dijo: «Pide lo que quieras que yo te lo daré».

Sorprendentemente, Salomón respondió: «Yo soy joven, y no sé cómo entrar ni salir... Da, pues, a tu siervo corazón entendido para juzgar a tu pueblo, y para discernir entre lo bueno y lo malo».[3] Y como Salomón pidió sabiduría en lugar de riquezas o poder u honores para sí, Dios le contestó: «He aquí que te he dado corazón sabio y entendido, tanto que no ha habido antes de ti otro como tú, ni después de ti se levantará otro como tú. Y aun también te he dado las cosas que no pediste, riquezas y gloria, de tal manera que entre los reyes ninguno haya como tú en todos tus días»[4]

Las cosas no salieron muy mal que digamos ¿cierto? Salomón respondió humildemente a la oferta de Dios, quien literalmente le sirvió el mundo en bandeja de oro. «El rey Salomón fue mayor en riquezas y sabiduría que todos los demás reyes de la tierra. El mundo entero procuraba una audiencia con Salomón para deleitarse con la sabiduría que Dios había puesto en su corazón. Año tras año, todos los que venían a él traían una ofrenda: artículos de plata y oro, vestidos, armas y especias, y caballos y mulas».[5]

El peso de todo el oro que Salomón recibía en forma de regalos cada año sumaba unas 25 toneladas. Todos los cálices y los enseres domésticos de su palacio estaban hechos de oro puro. Acumuló 1.400 carros y 12.000 caballos y, se dice que en sus tiempos la plata se consideraba de poco valor, porque era tan común como las piedras, y los cedros importados, tan abundantes como las higueras al pie de los montes.[6]

Si de alguna persona puede decirse con todo derecho que lo tuvo todo, es de Salomón. Si alguien comprendió el valor del tiempo, el arte de aprovechar al máximo la vida, ése fue seguramente Salomón.

Tal vez no. En el mismo pasaje donde aparece una mal comprendida proclamación de los festejos, encontramos estas palabras:

Miré yo luego todas las obras que habían hecho mis manos, y el trabajo que tomé para hacerlas; y he aquí, todo era vanidad y aflicción de espíritu, y sin provecho debajo del sol.[7]

Después de dedicar más tiempo que cualquier otro hombre a la búsqueda de la riqueza, el conocimiento, el placer y el honor, Salomón concluyó que *el éxito no es lo que creemos que es*. Él tenía todo lo que un ser humano podía desear—más que cualquier otro—y sin embargo, al final «aborreció la vida» (Eclesiastés 2.17) porque sus esfuerzos—su utilización del tiempo—al final le habían dejado vacío, o para mejor decirlo, no le habían satisfecho. «El que ama el dinero», confesó, «no se saciará de dinero»... «Más vale un puño lleno con descanso, que ambos puños llenos con trabajo y aflicción de espíritu».[8]

La proclamación que hace Salomón del comer, el beber y el gozarse no es lo que siempre hemos supuesto. De hecho no es tanto una celebración como una advertencia. Él no escogió la frase «pues mañana moriremos», pero ésta da sentido al texto en el contexto del mensaje *completo*. Nos recuerda que nuestro tiempo será un total desperdicio si no comprendemos cómo disfrutar verdaderamente de la vida, cómo alcanzar el verdadero éxito.

Como puede ver, en el éxito no hay más de lo que pensamos, sino menos. Y debemos entender lo que esto quiere decir si deseamos llegar a una conclusión satisfactoria sobre la manera en que invertimos nuestro tiempo.

ÉXITO Y TIEMPO

La forma en que muchos vendedores viven sus vidas según el decreto de Salomón y malinterpretan el significado de esta proclamación resulta sobrecogedora. Salomón, claro, era un sabio. Se dice que fue la persona más sabia que haya existido, pero al final admitió que su vida carecía de significado, debido a que utilizó su abundancia de tiempo para buscar cosas sin importancia, para «perseguir al viento», según la versión en inglés de ese versículo del Eclesiastés. «No hay hombre que tenga potestad sobre el viento para retenerlo, ni potestad sobre el día de su muerte».[9]

¿Le suena familiar?

Conozco muchos vendedores de éxito que sin embargo no son lo bastante sensatos para llegar a esta conclusión, y aunque parecen triunfar en su profesión, nunca dejan de dilapidar el tiempo libre que el éxito les reporta.

Hay algo que usted debe comprender acerca de este tema del tiempo que hemos estado debatiendo. Si usted no sabe qué hacer con el tiempo que le libera su éxito como vendedor, todo lo que habrá aprendido hasta ahora es a usar la frase de Salomón, «todo era vanidad».[10]

He aquí lo que quiero decir: si todo lo que usted hace es tomar los principios de los ocho capítulos anteriores y utilizarlos como un trampolín para seguir divirtiéndose, acabará como Salomón... o como Howard Hughes... o como yo hace unos años, encadenado y limitado por el tiempo que debía libertarme.

No sé dónde estaría hoy si Sheryl no hubiese intervenido. Ella era mi prometida cuando yo atravesaba mi peor momento, durante mis años de fiestas en Las Vegas. Y aunque yo no tuve la voluntad necesaria para cambiar, ella la tuvo.

Vino un día y me dijo que había pospuesto nuestra boda hasta que estuviésemos limpios los dos. También ella luchaba contra la cocaína y el alcohol, pero era más sabia y valiente que yo.

Ella comprendía que «hasta que la muerte nos separe» iba a convertirse en realidad presente si no empezábamos a aprovechar nuestro éxito en algo más que placeres temporales. En esencia, ella comprendía que nuestro mal uso del éxito estaba devaluando, e incluso reduciendo, nuestro tiempo.

Uno y otro funcionan mano a mano. El éxito debe apreciar el valor del tiempo; debe proporcionarnos más tiempo para invertir en las cosas de la vida que valoramos más allá del trabajo. Y si usted aplica todo lo que hemos discutido hasta ahora, dispondrá de más tiempo para hacer exactamente eso.

Pero hay en el éxito una trampa: si, como tantos vendedores profesionales, cae en la Trampa de los Festejos, el éxito en realidad depreciará el valor de su tiempo. Este patrón, a menos que se modifique, devorará todo el tiempo que se había liberado.

Si aún no me ha entendido, considere la última vez que intentó trabajar después de haber estado de juerga la noche anterior ¿Cómo fue su productividad? Y eso es solamente el efecto a corto plazo. Cuando se convierte en un estilo de vida, la historia es muy diferente.

A largo plazo, la Trampa de los Festejos acabará matándole, y no en sentido figurado, sino literalmente. Es triste, pero he conocido a vendedores que fueron sus víctimas.

El éxito no debe tomarse a la ligera. En realidad, la forma en que usted lo maneje es tan importante como la forma en que maneja los fracasos.

LA PARADOJA DEL ÉXITO

En el capítulo anterior discutimos cómo los fracasos en la actividad de ventas—aunque inicialmente reducen su tiempo—pueden acortar efectivamente su curva de aprendizaje y reforzar su productividad, cuando esto se percibe bajo la debida luz. En otras palabras, el fracaso puede aumentar el valor de su tiempo laboral como vendedor si usted tiene la percepción y la reacción correctas.

El éxito funciona en forma similar.

Su percepción del éxito tiene el poder de reforzar o disminuir el valor de su tiempo. Mejorando sus habilidades de venta y administrando bien sus tareas—algo que ha aprendido a hacer en este libro—usted liberará más tiempo dentro y fuera del trabajo; ésta es la recompensa de su éxito. Y ya sabe qué hacer con el tiempo que ha liberado; debe dedicar más a vender. Lo que hará con él fuera del trabajo es harina de otro costal, pero es en ese punto donde muchos vendedores vuelven a perder totalmente el control. La paradoja del éxito es que si usted invierte el tiempo libre en las cosas equivocadas—específicamente en aquellas que a la larga no promueven sus valores más elevados—su éxito en realidad podrá quitarle más tiempo de su vida que el que le proporciona.

Recientemente compartí este postulado con un grupo de clientes de un importante banco nacional, y más tarde uno se me acercó para hablarme de su padre. Al parecer, el hombre malgastó irresponsablemente su dinero y su tiempo durante décadas, y a los 65 años, la edad en la que muchos se dedican a jugar una ronda diaria de golf en la Florida o Arizona, él continúa viviendo cheque con cheque, y lamentándose amargamente por lo que pudo haber sido.

No estoy diciendo que jubilarse, o jugar golf, o vivir todo el año bajo un clima cálido sea la recompensa suprema del éxito. Ni tampoco digo que éstos deban ser sus valores más elevados. Lo que sí digo es que, como el padre de este hombre empleó mal su éxito durante tantos años, ahora el tiempo para disfrutar de la vida que nunca tuvo se le está acabando.

Triunfar con el éxito

En la Trampa de los Festejos se cae sutilmente, y muchos caen de una manera inocente. Alcanzamos cierto nivel de éxito y entonces...

♦ Arrendamos un auto nuevo.

♦ Compramos casa nueva.

♦ Cenamos en los restaurantes más caros.

♦ Renovamos nuestro ropero.

Estas cosas, si se hacen con moderación, no son negativas; antes, son una justa recompensa al éxito del vendedor. Desafortunadamente, los vendedores no aprendemos moderación en los entrenamientos, ni es ésta un atributo típico de nuestra profesión. La mayoría somos bastante acelerados, y el hecho de que no estemos vendiendo nada no nos hace aminorar el ritmo. El problema es que si usted no reduce su paso y no comienza a invertir su éxito de una manera más reflexiva y ordenada, llegará el momento en que completará el ciclo y acabará en el lugar donde empezó este libro: allí donde todavía se encuentra a los 65 años el padre de mi cliente, preguntándose cuándo fue que la vida pasó por su lado.

Por otra parte, si el tiempo que su éxito crea usted lo invierte decididamente en las cosas que más valoran, su rendimiento como vendedor le granjeará una verdadera satisfacción en la vida.

Después de todo, es eso lo que andamos buscando ¿no es cierto? No aspiramos sencillamente a ser vendedores destacados; también queremos vivir una vida que nos recompense. Queremos disfrutar del tiempo que nos corresponde.

¿Recuerda la definición del éxito que solicitamos en el capítulo dos? ¿Qué escribió usted? Tómese unos instantes y cópielo aquí:

_____

_____

_____

_____

_____

Si estuviéramos hablando desde el corazón, tendríamos que admitir que la idea de cosechar el éxito conlleva una profunda anticipación que no llenarán comodidades materiales y placeres temporales. Si vamos a ser honestos, las cosas que verdaderamente deseamos del éxito no son superficiales: son anhelos emocionales, del alma, del corazón. A veces uno tiene que ir más allá de su definición inicial del éxito para comprender qué es lo que encierra realmente. Si no lo ha hecho, hágalo ahora. Repase con franqueza su definición, y si todavía la siente superficial, pregúntese: *¿Por qué deseo estas cosas?* Esa pregunta llegará al corazón de su más profunda definición del éxito. Allí podrá encontrar el deseo de pasar más tiempo con su familia, participar con los amigos en grandes aventuras, ver el mundo y experimentar nuevas culturas, enamorarse, dedicarse activamente a un pasatiempo o un sueño que siempre tuvo, o aportar más tiempo a una causa que le apasione. Dígame ahora: ¿Qué siente cuando le sugiero estas cosas? ¿No anhela usted algo más profundo que las ganancias materiales y financieras? Si es así, entonces hay algo más que debemos hacer con el tiempo que nuestro éxito nos proporciona, algo que va más allá de comer, beber y divertirse.

Las conclusiones del Rey Salomón acerca de la vida eran simples pero profundas, y creo que nos ofrecen un gran conocimiento de las seis áreas en las cuales debemos invertir de manera consistente el tiempo que nuestro éxito crea, a fin de evitar las lamentaciones de la Trampa de los Festejos, y los reproches que el propio Salomón se hacía.

Las seis inversiones más importantes que debe hacer con su tiempo libre

#1—Salud

«El vino es escarnecedor, la sidra alborotadora», decía Salomón. «Y cualquiera que por ellos yerra no es sabio» (Proverbios 20.1). Algo que aprendí en mis batallas con la cocaína y el alcohol es que nada nos priva de nuestro tiempo tan rápido como los malos hábitos en materia de salud. Piense solamente como un sencillo catarro le obliga a reducir su actividad. Si fuera algo más destructivo, los efectos se multiplican rápidamente. Las cuatro dependencias más comunes que afectan su salud en general son:

♦ el alcohol

♦ la nicotina

♦ la comida (comer en exceso)

♦ la cafeína

Según una encuesta nacional sobre la salud, alrededor del 48 por ciento de los estadounidenses adultos consumen regularmente alcohol; el 22 por ciento fuman; el 58 por ciento tienen sobrepeso (el 22 por ciento son obesos)[11], y acerca del 30 por ciento de tomadores de café que lo reclaman para funcionar cada día.[12] Como es obvio, cada uno de estos problemas nos afecta la salud, lo cual a su vez devalúa nuestra capacidad para aprovechar el tiempo al máximo.

¿Hasta qué punto devalúan nuestro tiempo? Desde nuestra perspectiva común sólo podemos aproximarnos, pero es bastante obvio que las resacas alcohólicas, recesos para fumar, constantes meriendas y frecuentes desplazamientos a la cafetera y el sanitario reducen nuestra productividad en el curso de una jornada laboral. En lo referente al tiempo general, los efectos a corto plazo que se experimentan (en menos de un año de iniciado su consumo) a consecuencia de estas dependencias incluyen úlceras, mala nutrición, halitosis, deficiencias inmunológicas, catarros frecuentes, migrañas, deshidratación, problemas de la piel, insomnio, ansiedad, falta de energía, infecciones del tracto urinario, y diarrea. En general, el efecto a largo plazo de las dependencias en estas áreas es una vida más corta (excepto en el caso de la cafeína, donde se necesitan más investigaciones). Son cosas que probablemente ya usted sabe, pero la correlación que deseo que establezca es que si no se ocupa de su cuerpo, no podrá aprovechar al máximo su tiempo. Se empieza por controlar lo que consumimos. Pero eso no basta. Para otorgar realmente a su tiempo más valor, usted debe asumir un enfoque activo respecto a su salud.

Recuerdo que hace varios años miraba unas fotos mías en las que aparecía de pie, sin camisa, y muy hinchado delante de un auto recién comprado. Me disgustó lo mal que había quedado. Atrapado en la Trampa de los Festejos, no sólo me había vuelto drogadicto, sino que había aumentado cerca de 20 kilos de puro tejido adiposo. La vista de aquella foto me colocó en un nuevo rumbo que desde entonces me ha mantenido lleno de energía y capaz de vivir al máximo cada uno de mis días. He aquí cinco pasos sencillos que le ayudarán a hacer lo mismo:

1. *Elimine la nicotina y modere su consumo de alcohol.* Sé que existen estudios que indican que ciertas formas de alcohol son beneficiosas si se ingieren con moderación, y no tengo objeciones si usted piensa seguir ese consejo. Sin embargo, más fácil es eliminar por completo la tentación, porque la moderación conduce fácilmente a la indulgencia.

2. *Limite su ingestión de cafeína a no más de dos tazas de café diarias.* (Los estudios demuestran que cualquier cosa más allá de esto es potencialmente dañina para su organismo). Yo me propuse beber mucha agua. Según las investigaciones, dos vasos de ocho onzas de agua en la mañana, y de cuatro a seis vasos más en todo el día pueden hacer mucho por incrementar sus niveles de energía, mejorar sus patrones de sueño, y conservar la salud de su cuerpo.

3. *Empiece a hacer ejercicios a diario.* Para evitar aburrirme, cambio todas las semanas mi programa de ejercicios. Alterno entre montar bicicleta, trotar, nadar y levantar pesos. Esto es importante, ya que uno de los mayores disuasivos a una disciplina de ejercicios es la monotonía. No se deje caer en la rutina.

4. *Haga una lista de alimentos que no volverá a comer.* En esto, no exagere: debe ser algo que pueda recordar fácilmente. Usted sabe bien cuáles son sus talones de Aquiles. Si desea optimizar su energía, elimine los alimentos que le mantienen pesado, y consuma aquellos que sean energéticos y ricos en fibras y proteínas.

5. Sométase a una rutina estricta de sueño. Sé que esto le sonará anticuado, pero realmente ayuda a hacer una diferencia. Yo viajo mucho, así que una de las cosas de las que me tengo que ocupar constantemente es la fatiga horaria. Si no mantengo mi cuerpo dentro de un estricto régimen de sueño, me falta energía y capacidad mental para disfrutar de mi tiempo libre. «¿Cuándo te levantarás de tu sueño?», preguntaba Salomón. «Un poco de sueño, un poco de dormitar... Así vendrá tu necesidad como caminante, y tu pobreza como hombre armado».[13] Creo firmemente que si uno le proporciona al cuerpo el alimento y el ejercicio que necesita, no sentirá necesidad de dormir más de la cuenta. Y si está aprovechando su tiempo con sensatez, no necesitará dormir menos de lo que necesita para mantenerse a flote.

#2—Salud financiera

«Ve a la hormiga, oh perezoso, mira sus caminos, y sé sabio; la cual no teniendo capitán, ni gobernador, ni señor, prepara en el verano su comida, y recoge en el tiempo de la siega su mantenimiento».[14] Las estadísticas son sorprendentes. Según la Administración de Seguridad Social de Estados Unidos, si uno siguiera la pista a un centenar de personas entre las edades de 25 a 65 años, encontraría que:

♦ diecinueve han muerto

♦ quince tendrán ingresos superiores a los 30.000 dólares

♦ 66 tendrán ingresos inferiores a los 30.000 dólares.[15]

Estas estadísticas reflejan la negligencia general de la mayoría con relación a la salud financiera. Según el Grupo Financiero Lincoln, tres de las cinco razones principales de que las personas padezcan una pobre salud en sus finanzas son:

1. falta de dirección financiera;

2. malas decisiones de inversión; y

3. aplazar la apertura de una cuenta de ahorros.[16]

Cuando era niño aprendí de mis padres varios principios de administración del dinero, y aunque no los apliqué cuando dilapidaba mi vida en fiestas, desde que salí de aquella trampa los he observado como un reglamento. Ellos han eliminado el estrés de mi tiempo, sustituyéndolo con seguridad. Esto confiere una calidad superior al tiempo que paso solo o en compañía de otros.

1. **Gaste menos de lo que gana.** Abra una cuenta que use solamente para su presupuesto de gastos. Brent y su esposa tienen para este propósito una cuenta bancaria aparte. A principios de mes, depositan en esa cuenta independiente el dinero asignado para sus gastos personales, con lo que crean un límite a lo que pueden gastar.

2. **No compre nada a menos que pueda pagarlo en efectivo** (excepto alguna propiedad que no se deprecie, como una casa). Sé que siempre cuando estamos esperando más dinero, nos asalta la tentación de pagar algo con una tarjeta, pero no lo haga. Gaste sólo su dinero, no el del banco.

Gaste sólo su dinero, no el del banco.

3. **Pague cada mes el saldo completo de sus tarjetas de crédito.** Esto sólo se aplica si usted está haciendo algunos gastos mensuales con su tarjeta a fin de acumular kilometraje para viajar. De lo contrario, no debería estar usándola.

4. **Ponga al menos el 10 por ciento de cada dólar que gane en una cuenta de ahorro que gane intereses.** Puede que el interés no sea muy alto, pero si no planea tocar ese dinero, al menos ganará unos dólares.

5. **Devuélvale a Dios al menos el 10 por ciento de cada dólar que gane.** Con esto quiero decir que invierta en los demás a través de una iglesia o entidad caritativa. Le garantizo que ésta será la mejor inversión que pueda hacer con su dinero.

6. *Determine su estatus social.* No se atasque tratando de mantener un estatus social que no se ajuste a su presupuesto. Compre las cosas que su nivel de éxito como vendedor pueda pagar, no lo que usted, u otros, crean que usted merece.

Son principios simples, lo reconozco. Pero muy pocos viven observándolos, y en consecuencia, pasan más tiempo del que debieran estresados y haciendo malabares para que el dinero les alcance. Pocas cosas le ofrecerán mayor paz mental en su tiempo libre que la estabilidad financiera. (Como nota colateral, enseñe desde temprano estos principios a sus hijos. Los míos son aún bastante jóvenes—8 y 7 años de edad—pero cada vez que reciben su «cheque» semanal, tienen que poner un 10 por ciento en el sobre marcado para Dios, otro diez por ciento en el sobre de ahorros, y un 80 por ciento en el sobre de gastos. Esto les enseña a tomar decisiones financieras sanas desde muy temprano en la vida).

#3—Relaciones

«Yo me volví otra vez, y vi vanidad debajo del sol»—decía Salomón. «Está un hombre solo y sin sucesor, que no tiene hijo ni hermano; pero nunca cesa de trabajar... Mejores son dos que uno... Si alguno prevaleciere contra uno, dos le resistirán; y cordón de tres dobleces no se rompe pronto».[17] Hablaba aquí de la familia y de los amigos. Inspira lástima, decía, una persona que no tenga con quien compartir su tiempo. Por otro lado, como dice el dicho, en la unión está la fuerza. Y es muy bello compartir los mejores momentos de nuestras vidas con aquéllos a quienes amamos y que nos alegran la vida.

El significado de las relaciones crece en razón del tiempo que invertimos en ellas. «No es posible lograr la intimidad», decía el escritor John Drake, «si sólo pasamos tiempo juntos cuando todo lo demás está hecho. La intimidad es una de las cosas que hay que hacer».[18]

Existen cuatro tipos de relaciones en las cuales debemos invertir nuestro tiempo libre si deseamos cosechar todos los beneficios que se derivan de compartir la vida con otros:

1. *Relaciones que nos moldean.* ¿A quién conoce usted que respete y admire? ¿Quién mantiene principios y un nivel de integridad que usted quisiera copiar? Busque a estas personas y pregúnteles si pueden programar reuniones regulares (quizás una vez al mes) a fin de aprender de ellas. No sea tímido; si son tan maravillosas como cree, les debe entusiasmar la idea de agregarle valor a usted.

2. *Relaciones de discipulado.* Hay mucho que decir acerca de cómo crecemos cuando invertimos en otros, pero la verdadera prueba de nuestro conocimiento y experiencia es nuestra capacidad para transferirlos a los demás. Asimismo, pocas cosas nos satisfacen tanto como dedicar parte de nuestras vidas a otra persona y verla florecer.

3. *Relaciones de rendición de cuentas.* En el capítulo 8 discutimos la importancia profesional de los asociados que nos exigen responsabilidades; pero éstos son igualmente valiosos fuera del trabajo. ¿Qué desearía lograr fuera de su trabajo? ¿Qué ha soñado hacer con su tiempo libre cuando consiga liberarlo? Una vez que conozca las respuestas, pida a los que ya le ayudan a alcanzar sus metas laborales que le hagan rendir cuentas en cuanto a sus metas y normas personales. Ellos ya le conocen y pueden ofrecerle ideas frescas para ayudarle a ajustarse a un calendario que le permita cumplir con ambas cosas. «En la multitud de consejeros»—escribió Salomón—«hay seguridad».[19]

4. *Relaciones íntimas.* ¿Dónde estaríamos sin aquéllos a quienes amamos y que nos aman? No diré mucho aquí salvo que no podemos vivir sin ellos. Sin relaciones íntimas afincadas en el amor y la admiración mutua, nuestro tiempo libre sería la mitad de gozoso y significativo de lo que podría ser ¿Qué sería la vida sin los demás? «Quítenle el amor», escribió Robert Browning, «y nuestra tierra será una tumba».[20]

#4—Conocimiento

«Bienaventurado», concluía Salomón, «el hombre que halla la sabiduría, y que obtiene la inteligencia; porque su ganancia es mejor que la ganancia de la plata, y sus frutos más que el oro fino; más preciosa es que las piedras preciosas; y todo lo que puedes desear, no se puede comparar a ella. Largura de días está en su mano derecha; en su izquierda, riquezas y honra. Sus caminos son caminos deleitosos, y todas sus veredas paz».[21] Hay tres formas en que podemos invertir nuestro tiempo a fin de recibir el mejor y más sólido retorno en forma de conocimiento.

♦ *Lea con voracidad.* «Los grandes libros, apúralos hasta el último trago», dijo John Wooden. Nada enriquece más el conocimiento que los libros. En el capítulo cuatro decía que una excelente forma de invertir en su negocio es leer, de cada dos libros, uno que le ayude en su profesión. Con los demás, le recomiendo hacer lo que hace una amiga mía. Ella descubre un tema en el que está interesada y, durante un año, lee todo lo que puede acercar de ese tópico. Actualmente ella posee amplios conocimientos sobre la historia de Francia, decoración interior, arte culinario, historia del arte y arquitectura, entre otros temas. ¡Puede imaginar qué excelente conversadora es!

♦ *Viaje.* Salga más. Créame, usted puede aprender mucho más acerca de los pueblos, las culturas, la historia, y la vida en general pasando parte de su tiempo lejos de casa. Una vez que aborde un tren, un avión o simplemente su automóvil, empezará a recibir lecciones. Bret me cuenta que él y su esposa proyectan enseñar a sus hijos historia y estudios sociales viajando a los sitios originales, para proporcionarles una experiencia de primera mano. Me parece una gran idea.

♦ *Comience pasatiempos nuevos.* Haga cosas que normalmente no haría, como navegar en kayak en un lago o río cercano. Sheryl y yo nos hemos dedicado desde hace unos años al submarinismo, y actualmente uno de nuestros eventos favoritos es escoger un nuevo lugar para bucear. Leemos previamente acerca del lugar adonde planeamos ir y siempre terminamos aprendiendo mucho de nuestras experiencias. Aprendí a deslizarme en la nieve con la tabla de esquiar, y me encanta. Lo próximo que voy a aprender es ski acuático. Los niños y yo estamos aprendiendo también surf y MotoCross. Sheryl se dedica a esquiar a campo traviesa ¿Qué le interesaría hacer? Inténtelo este año, y no sólo aprenderá algo más sobre ese tema: también aprenderá mucho sobre sí mismo.

#5—Propósito

Ésta es sin duda la más importante inversión posible de su tiempo libre. Una persona que no ha encontrado un propósito en la vida es como un velero sin velas. «Como aguas profundas es el propósito en el corazón del hombre», dijo Salomón, «Mas el hombre entendido lo alcanzará».[22]

Para que su tiempo cuente, usted no puede ignorar la pregunta *¿Por qué estoy aquí?* El hecho de que deseemos conocer la respuesta indica una cosa: fuimos concebidos para algo más que pasar el tiempo. Le reto a hacer una considerable inversión de su tiempo en esta área: a que «alcance» su propósito. Porque al final, éste es la raíz de todas sus motivaciones y deseos. Hay libros que debe leer sobre el tema de nuestro propósito en la vida, así como investigar lo que la Biblia dice, y preguntar a otros cómo llegaron a conocer el suyo. Pero sobre todo, dedíquele tiempo a orar.

Una cosa que hago con regularidad es alejarme de la vorágine del trabajo y pasar un tiempo solo. Me hago entonces una serie de preguntas que me ayudan a enfocar de un modo continuo mis esfuerzos diarios en las cosas que conforman mi propósito en la vida. Le recomiendo tomarse un tiempo a solas y sin distracciones una vez al mes para realizar este ejercicio, a fin de aclarar continuamente su respuesta a la pregunta de por qué estamos aquí. Invertir regularmente su tiempo libre en esto será de suma importancia, para que nunca tenga que volverse a preguntar adónde fueron a parar sus mejores años. Las siguientes preguntas son algunas de las que me hago durante el tiempo que dedico a mi propósito en la vida:

♦ ¿Confío en mis esfuerzos?

♦ ¿Utilizan estos esfuerzos las capacidades que Dios me dio?

♦ ¿Estoy contribuyendo a mejorar con mis esfuerzos las vidas de los demás?

♦ ¿Hay en mi vida distracciones que me impiden aprovechar al máximo mi tiempo? ¿Cómo puedo eliminarlas?

♦ ¿Me sentiré dentro de un año satisfecho con mis esfuerzos?

♦ ¿Tengo que lamentar algo que hice el mes pasado? ¿Cómo puedo evitar en el futuro tales actos?

♦ ¿Cuál es el mayor entre mis propósitos?

♦ ¿Contribuyen los esfuerzos en los que estoy invirtiendo mi tiempo diario a promover mi mayor propósito?

♦ ¿Cómo puedo invertir mejor mi tiempo para que se haga posible lo que deseo para mi futuro?

No existe un número mágico de preguntas que usted deba hacerse. La cuestión es llegar al corazón de los esfuerzos que reclaman su tiempo, hacer lo posible por comprender las diferencias entre cómo invierte su tiempo actualmente y cómo debería invertirlo. El éxito muchas veces nos desvía del camino recto si no hacemos un alto y consideramos lo anterior.

Pero más que eso, la meta es determinar qué es lo que quiere usted de su tiempo. No responder a esa pregunta puede dejarle persiguiendo toda la vida gansos salvajes. Conozco a muchas personas de éxito financiero que todavía siguen persiguiendo a esas elusivas aves. Y lo peor es que nunca las atraparán. Podrían dedicarse igualmente a perseguir el viento.

Por otra parte, cuando usted sabe qué es lo que desea de su tiempo, el mejor itinerario para sus horas y sus días se le hace más claro y gozoso. Una vez que sabemos la razón de ser de nuestro tiempo, lo único que nos queda por hacer es empezar a emplearlo con ese fin.

Resulta alentador comprender el poder que tenemos para cambiar el curso de nuestra historia personal ¿Cómo se verá la suya dentro de cinco, diez o veinte años? ¿Ha pensado alguna vez en ello?

EL TIEMPO ES UN LIBRO ABIERTO

Imagínese que usted fuera escritor, y que una fuente anónima le hubiera contratado para escribir una obra maestra. El tema y el título le son desconocidos; sólo se le ha dicho que debe esperar a recibir más información por correo. Usted supone que esa información sea el fruto de alguna investigación, y que le explique los detalles del proyecto.

Un día viene entre su correspondencia un sobre amarillo. Lo abre y descubre un atractivo libro encuadernado en suave cuero color chocolate, así como una nota. Abre de inmediato esta última, pero sólo hay unas cuantas palabras:

ESTA ES SU HISTORIA; ESCRÍBALA COMO LE PLAZCA

Pasando las páginas, se da cuenta de que todas están en blanco, salvo una pequeña inscripción en el centro de la primera. Es su nombre, y debajo, el año corriente con un largo guión al lado: el año final está aún por determinar.

Liberar su tiempo se parece a eso. Es como si le dieran un libro de páginas en blanco y le pidieran escribir su historia de principio a fin, día por día, a partir de hoy ¿Qué historia contaría? ¿Quién le ayudaría a escribirla? ¿Quiénes son los otros personajes? ¿Se trata de un romance o de una aventura? Tal vez un poco de ambas cosas. Cualquiera sea su decisión, éste es ahora su libro, y la pluma está en sus manos. No tema escribir desde el corazón, porque como dijo Salomón: «de él mana la vida».[23] Y si la vida está hecha de tiempo, entonces la clave para aprovechar su tiempo al máximo ya fue escrita en las páginas de su corazón.

La proclamación que hacía Salomón de comer, beber y gozarse no es lo que siempre suponemos. En realidad, no es una proclamación, sino una advertencia. Él no escogió la frase «Pues mañana moriremos», pero ésta completa la suya; nos recuerda que nuestro tiempo será un total desperdicio si no comprendemos cómo disfrutar *verdaderamente* de la vida, como tener un verdadero éxito.

Después de dedicar más tiempo que cualquier otro hombre a la búsqueda de la riqueza, el conocimiento, el placer, y el honor, Salomón concluyó que *el éxito no es lo que creemos que es*. Él tuvo todo lo que un ser humano podía desear—más que cualquier otro en la historia—y sin embargo al final acabó «aborreciendo la vida» (Eclesiastés 2.17), porque sus esfuerzos—su utilización del tiempo—no le hicieron sentirse al final realizado. «El que ama el dinero, no se saciará de dinero... Más vale un puño lleno con descanso, que ambos puños llenos con trabajo y aflicción de espíritu» (Eclesiastés 5.10; 4.6).

Como ve, en el éxito no hay *más* de lo que creemos: en realidad hay *menos*, y debemos entender lo que significa si deseamos alcanzar una conclusión satisfactoria acerca de cómo invertimos nuestro tiempo.

El éxito trabaja mano a mano con el tiempo. El primero debe *apreciar* el valor del segundo; debe darle *más* tiempo para dedicarlo a las cosas de la vida que usted valora fuera de su trabajo. Si aplica todo lo que hemos discutido hasta ahora, dispondrá de más tiempo para hacer exactamente eso. Pero en el éxito hay una paradoja: si usted se deja atrapar en la Trampa de los Festejos, el éxito en realidad depreciará el valor de su tiempo. Si este patrón no se modifica eventualmente devorará el tiempo que había sido liberado, y le dejará a usted entregado a lamentaciones inútiles.

Para evitar esta poco envidiable situación, comience a invertir en las siguientes seis áreas el tiempo que su éxito le ha ayudado a liberar:

1. Salud
2. Salud financiera
3. Relaciones
4. Conocimiento
5. Propósito

Cuando sepa lo que desea de su tiempo, el mejor itinerario para sus horas y sus días se revelará más claro y gozoso para usted. Una vez que conozca la razón de ser de su tiempo, lo único que le quedará por hacer es empezar a utilizarlo con ese fin.

Capítulo Diez

La libertad

¿Qué harías tú sin libertad? ¿Lucharías?

—WILLIAM WALLACE EN CORAZÓN VALIENTE

Sentado aquí en los acantilados donde rompen las olas del Océano Pacífico, mi mente está en calma. Ante mí, el paisaje es sereno, como si el artista que lo creó estuviera esperando a que yo captara cada detalle de su belleza. Aunque me encuentro unos siete metros sobre el océano, creo sentir el contacto con la fresca marea que avanza sobre la arena y luego se retira lentamente al azul inmenso.

En momentos como éste uno dispone de tiempo para pensar en algo más que el presente. Estoy retrocediendo la película de mi vida, e instintivamente aprieto el botón de «Reproducir». Ahí están, en Technicolor, en la pantalla de mi mente, los recuerdos que más aprecio: esos momentos cruciales en los que seguí el dictado de mi corazón y no necesariamente el de mi mente. La cena en un restaurante a una hora de camino, porque era importante para un buen amigo. Una escapada a mediodía del trabajo a la playa, con mis hijos. El regreso a casa por avión un día antes de la clausura de un evento para darle a mi esposa el beso de «Buenas noches». Una noche en vela para concluir un proyecto literario. Un desayuno tempranero con un asistente a mis seminarios que necesitaba a alguien que le escuchara. Momentos todos en los que no necesariamente vivía mejor, pero en los que sin duda estaba viviendo lo mejor de mi vida.

Mientras la película se acerca al final, aprieto el botón de «Pausa». Me doy cuenta de que he hallado mi corazón. He encontrado ese lugar en el que el tiempo tiene un sentido. Y es ahí donde anhelo quedarme. Pero a pesar mío, el tiempo sigue transcurriendo.

Pasan los días. Las vacaciones se acaban. Los recuerdos siguen ahí, pero ahora sólo en forma de neblina mañanera. De regreso al trabajo, el tiempo se mueve más rápidamente de lo que quisiera. Los negocios resurgen, las urgencias han vuelto, y ya anhelo otro momento mágico, otro golpe de algo que caliente mi alma.

Ahora estoy sentado en mi oficina. La jornada fue planeada semanas atrás. La redacción de este libro está llegando a su fin. La investigación ha terminado, los recursos están ante mí, y el cursor titila impaciente. Cierro la puerta de la oficina e intento aclarar mi mente.

Sin embargo se me olvida algo; no he apagado mi teléfono celular. El timbre suena. «Hola, amor», dice alegremente mi esposa, Sheryl. «A los niños les encantaría ir a desayunar contigo esta mañana. ¿Crees que podrías darte una escapadita?»

El momento espera por mi decisión ¿Puedo o no puedo? Me sentiría culpable si no lo hiciera, pero también tengo trabajo por hacer. Entonces desde algún lugar en lo profundo de mí escucho otra voz: ¿Cuál es el valor del tiempo?, me pregunta. ¿Vale dinero o vale vida?

Mi mente me dice que no puedo perder ni un minuto. Necesito adelantar mucho la redacción hoy. Pero mi corazón tiene un mensaje diferente. Me está recordando que mis hijos son más importantes para mí que mi trabajo. Me está convenciendo de que, aunque voy a perder una hora de escribir, cinco minutos con mis hijos valen más que eso. No serán niños por mucho más tiempo, y no siempre irán a desayunar con papá. Llegará un día en el que tendrán sus propias agendas, y sus vidas no girarán alrededor de mamá y papá. Un día tendrán familias propias, y yo anhelaré la oportunidad de pasar una hora con ellos, charlando y riendo alrededor de unos panqueques empapados en miel. Sí, si bien es cierto que amo el trabajo con el que me gano la vida, lo que realmente anhelo es este tiempo con mis hijos. Si lo necesito, podré dedicar una hora a escribir luego, cuando ellos estén dormidos.

Tomé la decisión, y 15 minutos más tarde los cuatro estamos sentados a la mesa en IHOP (International House Of Pancakes), riendo como los mejores amigos, como siempre hacemos. He encontrado una vez más mi corazón, y está rebosante.

MOMENTOS MÁGICOS

Me encuentro ahora en una islita llamada Nevis, en las Antillas Menores. Y mientras el día llega a su fin, estoy sentado en la playa, contemplando el Mar Caribe, disfrutando de la brisa entre dulce y salada y saludando a las olas que se amontonan suavemente sobre la blanca arena. Escudriñando el horizonte, veo como se fusionan el cielo y el mar en un gigantesco lienzo de color zafiro, esperando por la paleta de colores del crepúsculo para pintar el próximo atardecer. Ha sido una buena semana, me digo, sin imaginar lo que me espera.

A la mañana siguiente, una vez que he clausurado el seminario de una semana de duración, anuncian al público que mi cumpleaños es al día siguiente. Estoy sorprendido y un poco sonrojado por el anuncio, pues había esperado que el detalle escapara a los radares. Pero el daño ya está hecho, traen una torta de la consigna, un coro como de cuervos entona la canción, y a mi rostro aflora una sonrisa cuando comprendo que es mi esposa quien está detrás de todo. Entonces hacen un segundo anuncio: van a proyectar un vídeo. Supongo que se trata de una antología de la historia de mi compañía, pero mi suposición va a dar muy lejos del blanco. El lugar de ello, me quedo allí sentado, mudo y con lágrimas en los ojos contemplando una obra maestra de 13 minutos que resume cinco años de momentos mágicos con mis dos hijos. Sheryl ha preparado el vídeo a petición de los niños que no pudieron acompañarnos. Se titula «Bienvenidos a nuestro divertido viaje con papá».

La canción que acompaña el vídeo se titula «Antes de que crezcas», y es interpretada por Dennis Scott y Timmy Tappan. La letra habla de un padre que confiesa a su hijito que le gustaría ser su mejor amigo, llegar a conocerlo bien antes de que el tiempo pase volando y él haya crecido.[1] Las palabras penetran en mi corazón a medida que la cinta continúa rodando. ¡Es de esto de lo que trata mi vida!, me digo, al ver a mis hijos bailando y riendo mientras huyen de las olas del océano ¡Estos son los momentos que me hacen sentir que estoy vivo! Este es el valor del tiempo.

Una vez concluida la cinta, me enjugo nuevamente las lágrimas. Mi corazón se siente sano y fuerte—que es como debe ser—y deseo que esa sensación dure para siempre. Todos los hemos tenido: momentos mágicos. Mágicos momentos en los que la vida parece funcionar a la perfección, en los que nuestros corazones laten enteros y nos sentimos plenamente vivos. A veces estamos con nuestras familias. Otras nos encontramos con amigos íntimos o sólo con nuestros cónyuges u otro ser querido. Y a veces estamos solos en un lugar idílico e inspirador. Para algunos de nosotros, tales momentos sólo ocurren raramente. Para otros, son más frecuentes. Pero al margen de su frecuencia, una cosa es segura: nunca quisiéramos perder las sensaciones que esos momentos nos ofrece, porque nos recuerdan que el tiempo está de nuestra parte cuando sabemos cómo utilizarlo.

En su libro *The Journey of Desire*, el autor John Eldredge explicaba:

En nuestros corazones hay oculto un secreto... es el deseo de una vida como fue concebida... uno no siempre es consciente de su búsqueda, y hay momentos en los que parece que hemos dejado de buscar pero regresa a nosotros una y otra vez, este anhelo por la vida que apreciamos....

La mayor tragedia humana es abandonar esa búsqueda. Nada tiene mayor importancia que la vida que anhelamos con el corazón. Perder esperanza es perderlo todo. Y si vamos a dar participación al corazón en nuestro viaje por la vida, simplemente no debemos, ni podemos, abandonar este deseo....

La clave de quiénes somos en realidad y por qué estamos aquí se nos revela a través del deseo del corazón. Pero se nos muestra en formas sorprendentes, y muchas veces pasa inadvertida o es mal comprendida. Una vez cada cierto tiempo la vida se compone ante nosotros de una forma que percibimos como buena y por la que hemos estado esperando. Estos son los momentos de nuestras vidas que quisiéramos perdurarán para siempre. No son necesariamente momentos «Kodak», bodas, nacimientos y grandes logros. Con la mayor frecuencia se nos revelan en formas más sutiles e inesperadas, acercándose a nosotros con sigilo. Piense en momentos de su vida que le hicieron desear tener poder para detener el tiempo. Son momentos de amor, o de felicidad, los simples momentos de descanso y silencio en el que todo parece estar bien. Algo en su corazón le dice: por fin ha llegado: ¡Fue para esto que fui creado!²

LO QUE NO TIENE PRECIO

Una de las obras de las campañas publicitarias más memorables de la última década incluye los comerciales de Mastercard sobre las cosas inapreciables, que siempre concluyen con la frase: «Hay cosas que el dinero no puede comprar. Para todo lo demás está Mastercard». Usted seguramente los ha visto. Estos avisos generalmente presentan a una pareja feliz, o algunos miembros de la familia, o a un grupo de amigos que gastan cantidades específicas de dinero en artículos como: Dos boletos para un partido de béisbol: $24; o Cuatro boletos aéreos a París: $3.000; o Una cena en su restaurante favorito: $149. Y según cada cantidad es presentada con la esfera acompañante, empezamos a construir mentalmente un evento que está teniendo lugar. Entonces, los anuncios concluyen con una escena como la de un padre y un hijo vitoreando a su equipo en un juego de béisbol, o un grupo de amigos arriendo después de cenar, o una pareja que camina de la mano por una playa de blanca arena, todos experimentando un momento memorable y significativo en sus vidas. Y en todos esos viene el texto clave: pasar su cuadragésimo cumpleaños con la persona a quien ama: Inapreciable. Tan pronto nos leen esa línea, experimentamos una tibia sensación interior. Y hasta puede que brote alguna lágrima. Nuestros corazones se conmueven porque también nosotros hemos experimentado momentos similares, inapreciables. Después de todo, la única cosa inapreciable es el tiempo.

¿Cómo sería su comercial de Mastercard? ¿Cuáles han sido los momentos mágicos en su vida, cuando todo parecía coincidir y su corazón estaba desbordado? ¿Dónde se encontraba? ¿Qué estaba haciendo? Quizás estaba con amigos íntimos recorriendo Europa. O comiendo y riendo durante horas en su restaurante favorito. O manejando por la costa con la persona a quien ama, sin una agenda, con la capota baja y un viento tibio azotándole el cabello. Tal vez estaba en algún lugar con sus hijos... disfrutando de algún lugar que ellos adoran, como Disneylandia, o fue un partido de béisbol de las ligas mayores. Quizás estaba con su cónyuge o su media naranja... relajándose sobre una manta en un picnic, contemplando un cielo montañés cuajado de estrellas. O quizás en un sitio remoto, en una cabaña de troncos, sin nada más que una chimenea, una tibia cobija y uno para el otro. Puede que estos momentos no fueran planeados, y que se presentaran y echaran raíces en su corazón inesperadamente. Como señala Eldredge, muchas veces ocurre así. Es la manera que tiene el corazón de decir: ¡Aún estoy aquí! Este es el tiempo que he estado anhelando. Por favor no lo ignores. Te estoy mostrando lo que me hace vivir.

No hay respuestas equivocadas en cuanto a cómo, o cuándo, o por qué estos momentos del corazón suceden en nuestras vidas, porque lo único que sentimos es que hay algo que lo llena verdaderamente. Sabemos cuando hemos invertido bien nuestras horas, porque el corazón nos lo revela. Y la única diferencia entre aquellos que experimentan más de estos momentos y los demás es la forma en que tratan con los deseos más profundos del corazón. Uno tiene sólo dos opciones: o se deja llevar por ellos, y saca el tiempo para hacer lo que desea, o se conforma y decide estar satisfecho gastando su tiempo en menos de lo que el corazón desea. Cuando esta opción prevalece muy a menudo, los deseos más legítimos se duermen.

SÓLO LAMENTAMOS EL TIEMPO PERDIDO

En el éxito nacional de librería *Tuesdays with Morrie*, *(Los martes con Morrie)* el autor Mitch Albom recuerda una discusión con su moribundo mentor durante su tercera reunión de los martes. El debate se centraba en reproches, en los que enseña una poderosa lección acerca de la importancia crucial de seguir al corazón en el tiempo que tenemos hoy, antes de que sea demasiado tarde.

La primera vez que vi a Morrie en el programa «Nightline» me pregunté qué podría estar lamentando después de saber que su muerte era inminente ¿Lamentaría las amistades perdidas? ¿Habría hecho las cosas en forma diferente? Con egoísmo, me pregunté: de estar en sus zapatos, ¿me dejaría consumir por los tristes pensamientos de todo lo que había perdido? ¿Me reprocharía los secretos que mantuve ocultos?

Cuando le mencioné esto a Morrie, él asintió. «Es lo que preocupa a todo el mundo ¿cierto? ¿Qué pasaría si éste fuera mi último día en el mundo?». Estudió mi rostro y quizás advirtió una ambivalencia en mis propias opciones. Había tenido una visión en la que me desplomaba un día sobre mi escritorio, a mitad de una historia. Mis editores iban por la copia mientras los paramédicos se llevaban mi cadáver.

«¿Mitch?» dijo Morrie.

Moví la cabeza sin decir nada. Pero Morrie advirtió que titubeaba.

«Mitch», dijo: «la cultura no te estimula a pensar sobre estas cosas hasta que te encuentras cerca de morir. Estamos tan envueltos en las cosas del ego, la carrera, tener suficiente dinero, pagar la cuota de la casa, comprar un automóvil nuevo, arreglar el radiador cuando se rompe... estamos involucrados en trillones de pequeños actos sólo para continuar viviendo. Y por eso, no tenemos el hábito de detenernos a contemplar nuestras vidas y decir: ¿Será esto todo? ¿Es esto todo lo que deseo? ¿Me faltará algo?»[3]

¿Es que no existe una vida como la que usted siempre ha estado buscando? No le pregunto si ha tenido momentos de felicidad, o si desea triunfar, ni siquiera si tiene más días buenos que malos. Le estoy preguntando si su vida es la que siempre soñó tener.

¿No habrá allá en lo hondo un anhelo de algo más o algo más grande? Lo cierto es que todos tenemos hasta cierto punto ese anhelo. Permanece en nuestro yo más profundo, y aunque muchas veces no sabemos expresarlo, parece seguirnos a lo largo de nuestras vidas, intentando hacer que gastemos nuestros días de ciertas formas ¿Seguirá usted ese consejo?

Hemos sido diseñados para algo más. Algo que nos llene, nos recompense, nos enriquezca y nos entusiasme más.

Y a menudo nuestros corazones claman por ese elemento ausente, ese próximo paso para conquistar más de la libertad que deseamos.

«Sólo con el corazón podemos ver bien», sentenció Antoine de Saint- Exupery. «Lo esencial es invisible para los ojos».[4] En lo profundo del corazón se preserva el secreto de nuestras vidas.

> *Hemos sido diseñados para algo más. Algo que nos llene, nos recompense, nos enriquezca y nos entusiasme más.*

El tiempo y el corazón espiritual

Su corazón espiritual es el epicentro, el alma de la vida que usted más desea, y como su corazón físico, si no lo atiende, su corazón espiritual dejará de latir, y su vida se asemejará a una existencia hueca, un paso ambivalente del tiempo hacia la muerte. En su exterior usted podrá continuar viviendo una vida de silenciosa desesperación, de pura animación, pero en su interior habrá expirado, tras haber renunciado a sus esperanzas de vivir una vida hermosa.

Las realidades que resultan de un corazón espiritual hambriento son tan perturbadoras como las que se derivan de un corazón físico mal nutrido. Son muy comunes los sentimientos de confusión, insatisfacción, tristeza, soledad, enojo y resentimiento, que con el tiempo nos llevarán a realidades más crudas como la actividad criminal, el divorcio, la bancarrota, la depresión y, Dios no lo permita, hasta el suicidio. La salud de su corazón espiritual es algo que debe tomar en serio, quizás más en serio que la del corazón físico.

Sin embargo, cada año la gente continúa sufriendo de una disfunción del corazón espiritual. Vea las estadísticas.

La mayoría de las personas están insatisfechas con:

Su matrimonio: La tasa actual de divorcios en los Estados Unidos es de alrededor de 60 por ciento.

Sus empleos: En una encuesta nacional realizada por la revista Fast Company, 77 por ciento de los encuestados (todos ellos profesionales) indicaron que si el dinero no fuera importante, renunciarían a sus empleos o reducirían drásticamente sus horas de trabajo.[5]

Su dinero: El mismo sondeo mostró que una gran mayoría de los entrevistados creen que no ganan suficiente dinero para vivir una vida sustanciosa y con propósito. Cuando se les pidió que indicaran los factores clave que les podrían ayudar a lograr satisfacción y equilibrio en sus vidas, hubo 36 por ciento que identificó como crucial «ganar más dinero», mientras que 70 por ciento dijo que no necesitaría más de 50.000 dólares adicionales al año para sentirse satisfechos y poder hacer lo que realmente deseaban.

Sus vidas: El artículo concluía con estas ideas:

En el momento presente—que es lo único que podemos ver con claridad—la mayoría de nosotros estamos preparados para conformarnos con esta precaria mezcla de deseos y tenencias, de ganar y de gastar, y aceptarla como un «equilibrio». Creemos que en algún momento, cuando tengamos «más» de algo—más dinero, más conocimiento de nosotros mismos—el juego cambiará de tal forma que producirá un nuevo estilo de trabajo y de vida, así como un nuevo sentido de libertad personal. Entonces, por fin, tendremos todo lo que teníamos que tener.

En otra encuesta nacional realizada por el Grupo de Investigaciones Barna, 50 por ciento de los estadounidenses indicaron que aún están buscando un significado y un propósito a sus vidas, mientras que 60 por ciento dijo que en general ve la vida con escepticismo. Respondiendo a los resultados del sondeo, el fundador de la firma, George Barna, dijo lo siguiente:

La solución común [para una vida insatisfecha] es mantenerse ocupado y estimularnos a través de una variedad de experiencias nuevas. Así es menos probable sentir el dolor de esos agujeros fundamentales en nuestras vidas. La gente ha descubierto que si cubren sus carencias con compromisos y emociones son menos propensos a sentir el vacío de la soledad y la ausencia de propósitos. Claro que eso sólo prolonga la desesperanza interior que, en algún momento, será imposible seguir suprimiendo.[6]

Desafortunadamente, al igual que los corazones físicos de muchos, los corazones espirituales de millones de personas se marchitan cada año y demasiados mueren por el mañana en lugar de vivir para el hoy.
Al final, se pierden la vida entera porque no realizan la conexión entre el corazón y la esperanza. La esperanza nos sugiere que existe un mañana mejor, mientras el corazón nos ordena hacer algo por ese mañana hoy.

Demasiados mueren por el mañana en lugar de vivir para el hoy.

La esperanza tiene el respaldo de la fe, y no hay nada de malo en ello. Pero el corazón es respaldado por los actos. El corazón es la voz inconfundible de la esperanza que nos dice lo que debemos hacer con nuestro tiempo ahora a fin de realizar los deseos más legítimos.

Usted desea reclamar la vida que anhela—en su trabajo, en su hogar—no debe ignorar los intentos que hace el corazón para encauzar su tiempo, aún si lo que le está diciendo es lo contrario de lo que usted escucha en su mente.

El más noble de sus esfuerzos

En el año 1995, una película titulada *First Knight* debutó inadvertida, debido en gran parte al éxito enorme de otro gran filme, *Corazón Valiente*. Desde entonces, sin embargo, *First Knight* se ha convertido en una de las más rentadas en su versión en vídeo. La primera es una recreación maravillosa de la antigua historia del Rey Arturo (interpretado por Sean Connery), Lady Guineve-re (a cargo de Julia Ormond) y Sir Lancelote (Richard Gere), y ofrece una poderosa ilustración de los esfuerzos de estos tres personajes para comprender y seguir los deseos legítimos de sus corazones. La historia nos presenta primero a Lancelote, un rebelde errante misterioso y valiente. Un narrador inicia la película con estas palabras:

Y entonces estaba Lancelote, un trotamundos que nunca había soñado con la paz, la justicia o la orden de caballería. Eran tiempos duros. Un hombre se ganaba la vida como pudiera. Y Lancelote siempre había sido diestro con la espada...

Viéndolo superficialmente, consideraríamos a Lancelote un hombre lleno de pasión de aventuras, dispuesto a vivir el día y a más. Su estilo impulsivo y misterioso nos atrae. Pero como descubrimos más tarde, hay más en él de lo que ven los ojos. Pronto conocerá al rey Arturo, quien discierne que Lancelote realmente está ocultando su dolor tras su ruda fachada. Para nosotros la historia comienza después que Lancelote ha vencido el Gauntlet, un campo de obstáculos medievales que hasta entonces nunca había sido completado por nadie. Impresionado por la hazaña de Lancelote, Arturo le invita a su castillo para mostrarle la famosa Mesa Redonda. Inclinado sobre la mesa, Lancelote lee la inscripción circular:

Lancelote: «Sirviéndonos unos a otros, somos libres».

Arturo: Ese es el corazón mismo de Camelot. No, estas piedras, maderas, torres o palacios. Pueden quemarlo todo y Camelot seguirá viviendo, porque vive en nosotros. Esto no creemos con el corazón [Devuelve la espada a su vaina e intercambia una breve mirada con Lancelote]. Bueno, no importa. Te invito a quedarte en Camelot.

Lancelote: [Riendo] Gracias. Pero volveré pronto al camino.

Arturo: ¡Oh! ¿Cuál camino?

Lancelote: A cualquiera que el destino me lleve. No tengo ningún plan.

Arturo: ¿Así que crees que lo que haces es obra de la casualidad?

Lancelote: [Con confianza] Así es.

Arturo: [Señalándole] Muy bien. Al final de ese corredor hay dos puertas, una a la izquierda y otra a la derecha ¿Cómo decidirías por cuál de las dos entrar?

Lancelote: Por cualquiera de las dos. Da igual. Todo es casualidad.

Arturo: Entonces espero que la casualidad te lleve a la de la izquierda, porque es la única salida. [Lancelote sonríe, se despide y se vuelve para marcharse.]

Arturo: ¿Lancelote? [Lancelote se detiene útil, se vuelve hacia Arturo mientras éste continúa hablando.] Sólo una idea... Un hombre que no teme a nada es un hombre que no tiene amor a nada. Y si no le tienes amor a nada ¿qué gozo podrás encontrar en la vida?

Estas palabras acosan a Lancelote pese a sus esfuerzos por olvidarlas y continuar fiel a su vida sin propósito. Eventualmente irrumpirán a través de la gruesa pared que sofoca los profundos deseos de su corazón de hallar compañía y un propósito noble. Son, en realidad, las palabras que le moverán a hacer que su tiempo valga más que algunas circunstancias casuales. Al final, el moribundo monarca le confía su reino a Lancelote, cuyo corazón se ha convertido en la encarnación de Camelot.

RECLAMAR SU CORAZÓN... Y SU TIEMPO

¿En qué punto está su corazón descontento? ¿Qué le falta a su vida? Como Lancelote, ¿está usted enmascarando sus legítimos deseos tras una fachada de esfuerzos aparentemente positivos? ¿Por qué late realmente su corazón? Para eso fue concebido su tiempo. «El corazón», decía Blas Pascal: «tiene razones que la razón no comprende». Así que no se sorprenda si pasa por momentos en los que lo que dice su corazón no le parece factible y ni siquiera práctico. La batalla entre la mente y el corazón es de toda la vida. Pero uno debe aprender a confiar en que, como dijo Thomas Carlyle: «Es el corazón el que ve antes que la cabeza pueda ver». En otras palabras, sólo su corazón tiene las respuestas a la vida que usted realmente desea. Es el corazón el que le revela qué puede hacer que el tiempo cuente para usted. Es el que le muestra el camino a la verdadera libertad de su tiempo.

¿Qué nuevas decisiones debe usted tomar sobre la forma en que está empleando su tiempo? Nadie puede tomarlas por usted. Sus decisiones son solamente suyas. Son los minutos de su tiempo que, o le proveen vida, o se la prohíben.

Haga un inventario honesto de su vida. ¿Es una reflexión sobre su singularidad y sus deseos más ardientes, o se encuentra usted en piloto automático, dejándose mover, haciendo tiempo? Manteniendo su escritorio ordenado y sus papeles archivados, devolviendo llamadas telefónicas, complaciendo a quien necesita ser complacido, pagando sus cuentas a tiempo, ahorrando para ese viaje que algún día hará, cuando tenga más tiempo, y esperando a jubilarse cuando ya sea viejo para entonces disfrutar realmente de la vida ¿No espera usted de su tiempo en este modo algo más que un retiro decente? Como dice mi amigo Bob Shanks: «Si sus recuerdos del pasado son más grandes que sus sueños para el futuro, usted ya está muerto».

Si una voz interior todavía le está diciendo que existe algo más, algo mejor, algo que usted anhela, algo por lo que vale la pena luchar, entonces su corazón todavía late y aún hay tiempo de remediarlo.

Ahora es el momento de actuar. Ahora es el momento de vivir. Su futuro no es un lejano sueño místico. Las perspectivas de su futuro son solamente la culminación de la forma en que usted suele invertir su tiempo. Después de todo lo que hemos dicho y hecho, espero que sepa invertirlo sabiamente en este día y en todos sus días a partir de hoy.

Sólo eso podrá conducirle a la libertad.

Notas

Capítulo Uno: Persiguiendo al viento

1. Génesis 1.1, 3-5 dice: «En el principio creó Dios los cielos y la tierra... Y dijo Dios: Sea la luz; y fue la luz. Y vio Dios que la luz era buena; y separó Dios la luz de las tinieblas. Y llamó Dios a la luz Día, y a las tinieblas llamó Noche. Y fue la tarde y la mañana un día».

2. Marcia Hornok, «Psalm 23 Antithesis» *(Antítesis Salmo 23)*, originalmente publicado en *Discipleship Journal,* p. 60 (noviembre de 1990).

Capítulo Dos: La Trampa de la Identidad

1. Barrie Greiff y Preston K. Munter, *Tradeoffs: Executive, Family, and Organizational Life* (Nueva York: New American Library, 1980), según es citado por John D. Drake, *Downshifting* (San Francisco: Berret Koehler Publishers, Inc, 2000), p. 9.

2. Al Gini, *My Job My Self: Work and the Creation of the Modern Individual* (New York: Routledge, 2001) p. 2.

3. «Bring Back the Eight Hour Day», © Charlie King/Pied ASP Music-BMI. Del álbum Inside Out.

4. Para parafrasear a Joe Robinson en *Work to Live* (New York: The Berkley Publishing Group, 2003), p. 25.

5. Robinson, *Work to Live,* pp. 20-21.

6. Ilene Philipson, *Married to the Job* (New York: The Free Press, 2002), pp. 19-20.

7. Al Gini, *The Importance of Being Lazy* (New York: Routledge, 2003), p. 32.

8. Philipson, *Married to the Job*, p. 124, citando a Jerry Useem, revista *Fortune*.

9. En la página 56 Philipson cita una entrevista realizada por Arlie Hochschild en su libro *The Time Bind: When Work Becomes Home and Home Becomes Work* (New York: Owl Books, 2001).

10. Según estadísticas suministradas por los escritores Jared Brenstein, Heather Boushey y Lawrence Mishel en *The State of Working America 2002/2003* (New York: Cornell University Press, 2003).

11. Gini, *Being Lazy*. Gini cita a Benjamin Kline Hunnicutt en «A Fast-Paced Look at the Whirl and Flux of Modern Life», *Chicago Tribune*, 19 de septiembre de 1999, sección Libros.

12. Robinson, *Work to Live*, pp. 18-19.

Capítulo Tres: La Trampa de la Organización

1. Según estudios realizados por nuestra afiliada, Building Champions.

2. Utilizado con autorización de Building Champions © 2003.

3. Información sobre la Presa Hoover suministrada por www.usbr.gov/lc/hooverdam/. Para más información sobre esta increíble estructura, visite por favor esta página.

4. Todas las cifras se basan en semanas de cinco días y años de cuarenta y seis semanas laborables.

Capítulo Cuatro: La Trampa del Sí

1. Según el experto en productividad David Allen en su libro *Getting Things Done* (Nueva York: Penguin Books, 2003).

2. Relato referido por un colaborador anónimo del archivo con sede en la Web Monster.com, bajo el título *The Accidental Salesperson*.

3. Fundación Nacional del Sueño, encuesta de opinión pública «Sleep in America», www.sleepfoundation.org.

4. Robinson, *Work to Live.* Robinson cita a Joan Williams en su libro *Unbending Gender: Why Family and Work Conflict and What to Do About It* (New York: Oxford University Press, 2001), pp. 27-28.

5. Fundación Nacional del Sueño.

6. Estoy en deuda con mi amigo Brian Tracy por su investigación en estas dos encuestas, reportadas en su libro *Time Power* (New York: Amacom, 2004), pp. 228-29.

7. Para ver el informe completo titulado «Missing Millions: How Companies Mismanage Their Most Valuable Resource», ver www. Proudfoot-plc.com/ y cliquear en el enlace del recuadro «Spotlight» que le permite consultar estudios anteriores.

8. Doy las gracias a Brian Tracy y David Allen por compartir sus conocimientos acerca del uso de sistemas de archivo similares.

9. Si usted no sabe activar la auto respuesta en su correo electrónico, un profesional de telecomunicaciones en su oficina o su proveedor de Internet podrán ayudarle a hacerlo.

Capítulo Cinco: La Trampa del Control

1. Mi descripción de la escena es una adaptación de dos versiones del guión de *El Señor de los Anillos: El Regreso del Rey* (2003) ofrecido por Noora en www.legomirk.com y un colaborador de www.seatofkings.com. La historia fue escrita originalmente en forma de libro por J. R. R. Tolkien en 1938 y adaptada para la pantalla por Peter Jackson, Fran Walsh y Philip Boyens.

2. John C. Maxwell, *The 17 Indispensable Laws of Teamwork* (Nashville: Thomas Nelson, 2000).

Capítulo Seis: La Trampa de la Tecnología

1. William Hepworth Dixon, *The Story of Lord Bacon's Life* (Londres: John Murray, 1862).

2. Paul Andrews, «Saving Time No Longer a Tech Reality», *The Seattle Times*, 20 de octubre de 2003.

3. Visite www.KillingtheSale.com para más información sobre la adquisición de un ejemplar de este libro.

4. Jon Swartz, «Is the Future of E-Mail under Cyberattack?», *USA Today*, 15 de junio de 2004.

5. Según una información de la revista WIRED titulada «Viruses Cost Big Bucks», 18 de junio de 1999. Este reporte se puede encontrar en www.wired.com/news/technology/.

6. Según fue reportado en la página Web de la revista *Entrepreneur*, www.entrepreneur.com, en un artículo titulado «Viruses Cost Billions», 23 de abril de 2003.

7. Paul Davidson, «Do-Not Spam Registry Could Result in More Spam, FTC Says», *USA Today*, 15 de junio de 2004.

8. Brad Stone, «Your Next Computer», *Newsweek*, 7 de junio de 2004.

Capítulo Siete: La Trampa de las Cuotas

1. Para ver el informe completo consultar la edición de 2003 del boletín Career Choices en www.CareerPrep.com.

2. Erin Strout, «To Tell the Truth: Call It What You Like: A Fib, an Untruth, a Fabrication». «Una nueva encuesta de SMM revela que casi la mitad de los vendedores mienten a sus clientes. ¿Está usted creando una cultura que promueve el engaño?». *Sales and Marketing Management*, julio de 2002.

3. Para una estrategia de prospección que utilice eficientemente el tiempo, lea los capítulos 9 y 10 de *High Trust Selling* (Nashville: Thomas Nelson Publishers, 2003).

Capítulo Ocho: La Trampa de los Fracasos

1. Derechos de Autor, Swithchfoot 2003. De su álbum *The Beautiful Letdown*, Columbia/Red INK, 2003. Letras escritas por el cantante Jon Foreman.

2. John Cook, ed., *The Book of Positive Quotations* (Minneapolis: Fairview Press, 1997).

3. Visite www.HighTrustSelling.com para más información sobre el libro o para adquirir un ejemplar.

Capítulo Nueve: La Trampa de los Festejos

1. E. D. Hirsch Jr., Joseph F. Kett, y James Trefil, eds., *The New Dictionary of Cultural Literacy*, 3ra. edición (Boston: Houghton Mifflin Company, 2002).

2. Eclesiastés 5.18.

3. 1 Reyes 3.5, 7, 9.

4. 1 Reyes 3.12-13, el énfasis es mío.

5. 1 Reyes 10.23-25.

6. Ver 1 Reyes 10.14-29.

7. Eclesiastés 2.11-11.

8. Eclesiastés 5.10, 4.6.

9. Eclesiastés 8.8.

10. Eclesiastés 1.2.

11. La encuesta «National Health Interview Survey» fue publicada por el Departamento de Salud y Servicios Humanos de E.U.A., los Centros de Prevención y Control de Enfermedades y el Centro Nacional de Estadísticas de la Salud, Hyattsville, Maryland, julio de 2004.

12. Estadísticas de GlobalChange.com escogidas de *The Truth About Drugs*, por Patrick Dixon (Londres: Hodder, 1998).

13. Proverbios 6.9-11.

14. Proverbios 6.6-8.

15. Estas estadísticas son del año 2000 y fueron inicialmente reportadas en mi libro *Wealth Strategies* (Nashville: W.Publishing, 2000).

16. La información se basa en una entrevista realizada en el año 2000 con Jeff Duncan, uno de los principales productores de Lincoln Financial.

17. Eclesiastés 4.7-9, 12.

18. John D. Drake, Ph. D., *Downshifting* (San Francisco: Berret-Koehler Publishers, Inc., 2000), p. 100.

19. Proverbios 11.14.

20. Cook, *Positive Quotations*.

21. Proverbios 3.13-17.

22. Proverbios 22.5.

23. Proverbios 4.23.

Capítulo Diez: Libertad

1. «Before You Grow», escrita por Dennis Scott y Timmy Tappan ©
1992, Act IV Music SESAC/Music Match, Inc. BMI.

2. John Eldredge, *The Journey of Desire* (Nashville: Thomas Nelson,
2001), pp. 1-3.

3. Mitch Albom, *Tuesdays with Morrie* (Nueva York: Doubleday,
1977), pp. 64-65.

4. Cook, *Positive Quotations.*

5. Del artículo titulado «How Much Is Enough?» revista *Fast
Company*, julio de 1999.

6. Suministrado por el Grupo de Investigaciones Barna,
www.barna.org.

Acerca del autor

Todd Duncan es uno de los principales expertos de Estados Unidos en el área de cómo dominar las ventas y la vida. Su editor, Caribe Betania Editores, lo define como «una combinación de la energía y el estilo de Zig Ziglar con el contenido de John Maxwell».

El doctor John C. Maxwell dice: «Todd provee simplemente las ideas... y las vidas personales y financieras de las personas están siendo tremendamente impactadas».

Todd Duncan ha dedicado los últimos 23 años a la investigación de personas exitosas de alto rendimiento y de todos los campos de los negocios y la vida. Sus hallazgos han sido sintetizados en uno de los más poderosos programas que se hayan creado en torno a como vivir una vida más plena, enriquecedora, rentable y con mayor significado.

Dice Zig Ziglar: «Sé un poquito acerca de ventas y éxito... y también de motivar a las personas a alcanzar sus objetivos. He observado a Todd Duncan durante años y he visto en él mucho de la misma pasión, la misma chispa, y el mismo impulso que me han motivado a mí».

Las muy vendidas obras de Todd y sus seminarios han influido sobre millones de personas. Acerca de su libro *Ventas de alta confiabilidad*, dice Ken Blanchard: «Si usted se propone vender en serio, debe leer este libro ¡Es un paso adelante!» Esa obra, publicada por Caribe Betania Editores, es un éxito de librería del *Wall Street Journal, Business Week, Los Angeles Times* y la cadena de librerías *Barnes and Noble*.

Él es el presidente de *Maximum Impact* en Atlanta, Georgia. Todd y su esposa Sheryl tienen dos hijos y viven en La Jolla, California.

www.theduncangroup.com

FROM THE AUTHOR OF THE NATIONAL BESTSELLER HIGH TRUST S

TODD DUNCA

TIME TRAPS

PROVEN STRATEGIES FOR SWAMPED SALESPEOPLE

ISBN: 0785263233

CARIBE-BETANIA EDITORES
Una división de Thomas Nelson Publishers

Para más información visite liderlatino.com

ODD DUNCAN

BESTSELLER NACIONAL Y LIBRO #1 DE NEGOCIOS EN BARNES & NOBLE

REQUISITO ESENCIAL PARA LAS VENTAS

VENTAS DE ALTA CONFIABILIDAD

«Si las ventas son importantes para usted, debe leer este libro. ¡Es un descubrimiento!»
— Ken Blanchard, Coautor, The One Minute Manager®

ISBN: 0881138487

CARIBE-BETANIA EDITORES
Una división de Thomas Nelson Publishers

Para más información visite liderlatino.com

Printed in the USA
CPSIA information can be obtained
at www.ICGtesting.com
JSHW011041131223
53744JS00004B/9

9 780881 138931